すぐ読める！ すぐ話せる！

韓国語単語集

文字から身につく

石田美智代・著

永岡書店

はじめに

　日本では、K-POPや韓流ドラマがすっかり日常的なものになり、韓国旅行にもとても気軽に行けるようになりました。韓国語を学習している人でなくても、韓国語の文字「ハングル」にふれる機会が増えています。

　本書は、K-POPやドラマ・映画で耳にしたり目にしたりする韓国語、旅先でちょっと知っていたら役立つ表現を集めた単語集です。韓国語を学習している方にはもちろん、これから学習したいという方にも便利に使っていただけるように気を配りました。

　とりあえずハングルが読めるという方は、状況・場面別に単語をまとめていますので、興味のあるところからページを開いてください。文字の読み方がわからない方は、第1章で韓国語の文字と発音を確認することができます。

　韓国語で使う文字は、母音と子音の組み合わせなので、母音と子音の発音を覚えてしまえば、ローマ字の要領で簡単に読むことができるようになります。ただ、文字を続けて読むと発音が変化する場合があり、ぜひ知っておきたい発音のルールを第1章で説明しています。第2章以降では、どのような発音の変化が生じているのか、特に注意したい単語に解説をつけていますので、発音のルールも自然に覚えられるようになっています。

　また、ことばの背景にある韓国の文化に関する説明も随所に盛り込んでいます。本書をきっかけに、ぜひ韓国とのご縁が深まりますようにお祈りしています。

本書の構成

　本書では、韓国語の読み方がわかる第1章に始まり、第2章から第11章まで、さまざまな状況や場面で便利に使える単語やフレーズを紹介しています。

第 1 章　第1章「韓国語のキホン」では、ごく基礎的な韓国語の文字と発音をわかりやすく説明しています。また、「読んでみよう」のページでは簡単な単語で発音をおさらいできます。

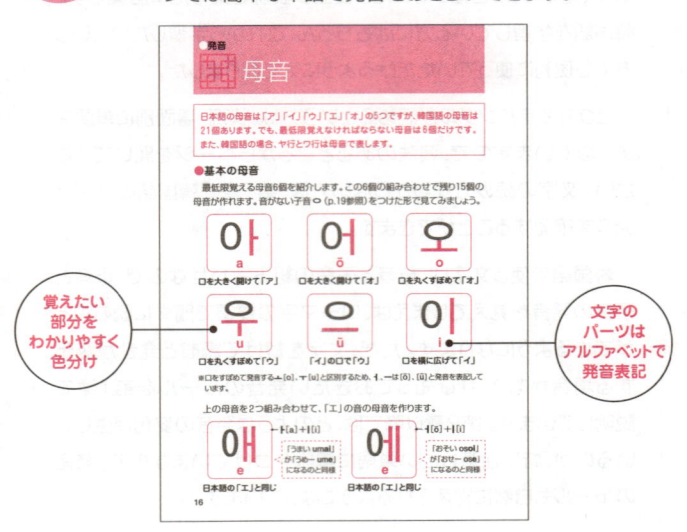

第 2 章　第2章「基本単語」では、数字やとき、色、サイズなど、まずは覚えておきたい基本の単語を紹介しています。

第3章 - 第6章
第3章から第6章では状況別に単語を紹介。「移動する・泊まる」「飲む・食べる」、「買う」、「楽しむ・遊ぶ」と、旅先で便利なカテゴリーでまとめています。

第7章 - 第9章
第7章から第9章では日常生活で知りたい単語を紹介。「生活」、「社会」、「スポーツ・自然」と、身の回りのものごとを表す単語をまとめています。

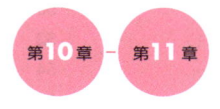

第10章 - 第11章
第10章「トラブル」では、旅先で困ったときに役立つ表現を紹介。また、第11章「便利表現」ではあいさつなどの基本フレーズと、日本を紹介するための単語をまとめています。

※巻末には、知りたい単語を日本語から探せる索引があります。

目次

第 3 章 | 移動する・泊まる

第1章

韓国語のキホン

文字と語順・活用

● 人工的に作られた文字

その昔、朝鮮半島では、書き言葉として漢字を使っていましたが、多くの庶民は読むことができませんでした。そこで、話し言葉をそのまま表せる文字として作られたのが「ハングル」です。

ハングルは、人間が声を出すしくみを研究して作られました。文字の形をよく見ると、ㅇはのどの形、ㅁは唇の形、ㄴは舌の形を模して作られていることが分かります。

※ハングルは文字の名前です。日本語では、ひらがな・カタカナ・漢字という文字を使うように、韓国語ではハングルという文字を使います(従って「ハングル語」は間違ったいい方です)。

● 韓国語もアルファベット

1つ1つの文字が1つの子音または母音で表され、それを体系的に並べたものをアルファベットといいます。アルファベット=ローマ字のことと思われがちですが、韓国語もアルファベットなのです。

ローマ字は横に並べて書きますが、ハングルは、左に子音・右に母音、もしくは上に子音・下に母音を組み合わせて1つの文字になります。

ローマ字は「A」から「Z」まで26文字ありますが、ハングルは基本の母音8個(p.16参照)と基本の子音10個(p.18~19参照)を覚えれば、おおむね読めるようになります。

● 語順

韓国語は文法が日本語とよく似ているといわれます。まず、語順が「主語＋目的語＋述語」で同じ、また、名詞の後ろに助詞がつくのも同じです。

こうして並べてみると、外国語とは思えないほど、よく似ていますね。

● 用言の活用語尾

韓国語は、動詞の活用も日本語に似ています。「食べる」という動詞の活用を見てみましょう。

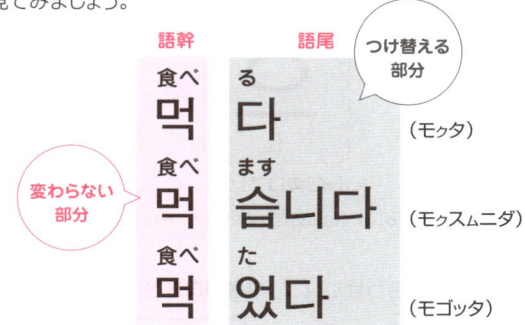

このように、活用するときに変わらない部分（語幹）と、つけ替える部分（語尾）に分かれているということが共通しています。

日本語の文法と比べながら学べるので、韓国語は日本語母語話者にとって非常に学びやすい外国語だといえます。

●発音

母音

日本語の母音は「ア」「イ」「ウ」「エ」「オ」の5つですが、韓国語の母音は
21個あります。でも、最低限覚えなければならない母音は6個だけです。
また、韓国語の場合、ヤ行とワ行は母音で表します。

●基本の母音

最低限覚える母音6個を紹介します。この6個の組み合わせで残り15個の
母音が作れます。音がない子音 ㅇ (p.19参照)をつけた形で見てみましょう。

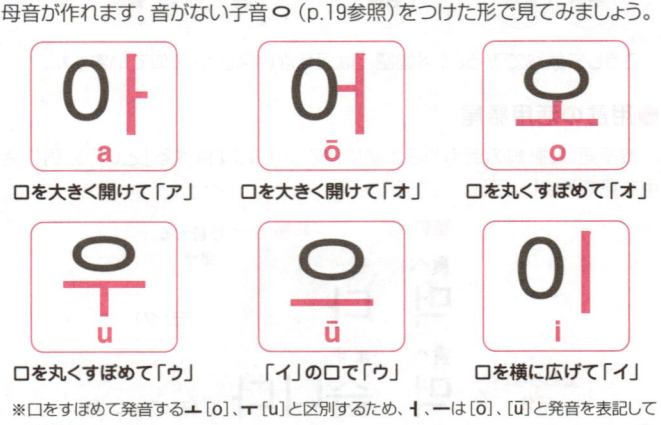

아 **a**	어 **ō**	오 **o**
口を大きく開けて「ア」	口を大きく開けて「オ」	口を丸くすぼめて「オ」

우 **u**	으 **ū**	이 **i**
口を丸くすぼめて「ウ」	「イ」の口で「ウ」	口を横に広げて「イ」

※口をすぼめて発音する ㅗ [o]、ㅜ [u]と区別するため、ㅓ、ㅡは[ō]、[ū]と発音を表記して
います。

上の母音を2つ組み合わせて、「エ」の音の母音を作ります。

애 **e** ←ㅏ[a]+ㅣ[i]

> 「うまい umai」
> が「うめー ume」
> になるのと同様

日本語の「エ」と同じ

에 **e** ←ㅓ[ō]+ㅣ[i]

> 「おそい osoi」
> が「おせー ose」
> になるのと同様

日本語の「エ」と同じ

●ヤ行の母音

「基本の母音」の短い棒を2本にして、ヤ行の母音を作ります。

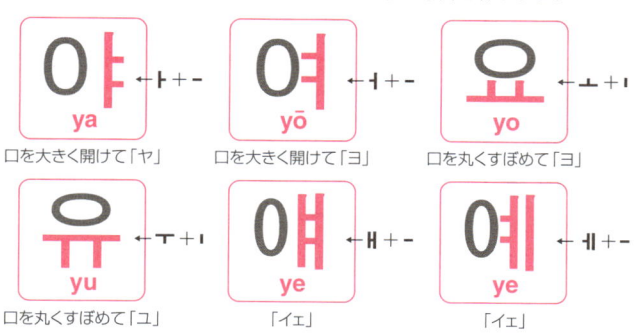

口を大きく開けて「ヤ」

口を大きく開けて「ヨ」

口を丸くすぼめて「ヨ」

口を丸くすぼめて「ユ」

「イェ」

「イェ」

●ワ行の母音

ワ行の母音は、「最低限覚える母音」を2つまたは3つ組み合わせます。

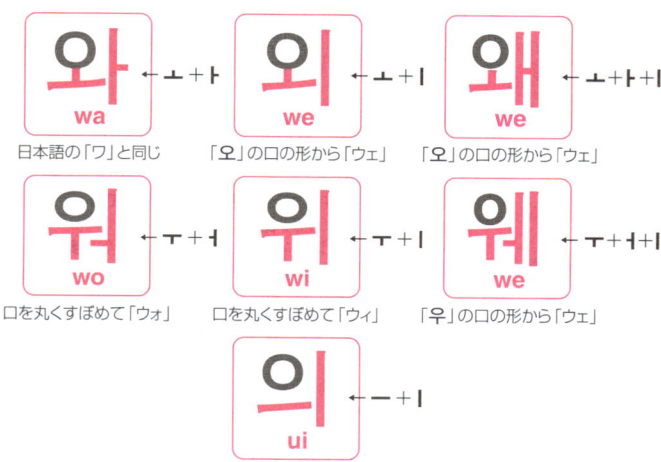

日本語の「ワ」と同じ

「오」の口の形から「ウェ」

「오」の口の形から「ウェ」

口を丸くすぼめて「ウォ」

口を丸くすぼめて「ウィ」

「우」の口の形から「ウェ」

口を横に広げ、「으」と「이」を続けて「ウィ」

子音

韓国語の基本的な子音は10個あります。それに加え、激音（p.20参照）と呼ばれる兄弟が4つ、濃音（p.21参照）と呼ばれる兄弟が5つあるので、子音は全部で19個になります。

● 基本の子音

まず、基本的な子音を紹介します。「ア」と発音する母音 ト（p.16参照）をつけた形で見てみましょう。

ka/ga

語頭では日本語のカ行、語中では濁ってガ行になります。

舌の付け根でのどをふさいで音を作ります（のどの音）

na

日本語のナ行と同じです。

舌を上の歯茎につけて音を作ります（歯の音）

ta/da

ta（タ）、te（テ）、to（ト）は日本語のタ行と同じですが、ほかはti（ティ）、tu（トゥ）。語中では濁ってda（ダ）、di（ディ）、du（ドゥ）、de（デ）、do（ド）になります。

舌を上の歯茎につけて音を作ります（歯の音）

la

日本語のラ行と同じです。

舌を上の歯茎につけて音を作ります（歯の音）

日本語のマ行と同じです。

唇を閉じて音を作ります（唇の音）

語頭ではパ行、語中では濁ってバ行になります。

唇を閉じて音を作ります（唇の音）

日本語のサ行と同じです。
語中でも濁りません（ザ行の音にはなりません）。

舌を上の歯茎につけて音を作ります（歯の音）

子音はなく、母音のみの発音になります。

舌はどこにも触れません

日本語のチャ行と同じです。
語中では濁ってジャ行になります。

舌を上の歯茎につけて音を作ります（歯の音）

日本語のハ行と同じです。
語中でも濁りません（パ行・バ行の音は子音ㅂです）。

舌はどこにも触れません

語中で濁る子音 ㄱ [k]、ㄷ [t]、ㅂ [p]、ㅈ [ch] の兄弟に、激音（息を強く出す音）があります。激音は語中でも濁りません。

では、母音 ㅏ（p.16参照）をつけた形で見てみましょう。最初は息だけで「カ」「タ」「パ」「チャ」と練習してみてください。

카 kʰa	息を強く吐き出して「カハ」
타 tʰa	息を強く吐き出して「タハ」
파 pʰa	息を強く吐き出して「パハ」
차 chʰa	息を強く吐き出して「チャハ」

日本語の固有名詞をハングルで書く時、語中の清音（濁らない音）には激音を使います。例えば「田中」を다나가と書くと [tanaga] ＝タナガと読んでしまうので、다나카 [tanakʰa] と書きます。

●**濁る音、濁らない音**

「夫婦」は韓国語で부부です。1文字目も2文字目も子音はㅂですが、語頭の부は [pu]、語中の부は濁って [bu] ＝ [pubu（プブ）] と読みます。しかし韓国人には、両方とも同じ音に聞こえます（だから同じ文字で書かれているわけです）。

逆に日本人には、「雨」の비 [pi] も「血」の피 [pʰi] も、同じように「ピ」と聞こえます。でも韓国人の耳には明らかに違う音なのです。

私たちが비 [pi] と피 [pʰi] の発音に悩まされるのと同じように、韓国人は「蚊」の「カ」と「蛾」の「ガ」の発音の区別に悩まされます。

● 濃音（のうおん）

　語中で濁る子音4つと ㅅ [s] の兄弟には、濃音（のどを締めて出す音）もあります。濃音も語中で濁りません。

　母音 ㅏ をつけた形で見てみましょう。あたまに促音の「ッ」をつけて発音します。

 「まっか」の「ッカ」の音
kka

 「やった」の「ッタ」の音
tta

 「かっぱ」の「ッパ」の音
ppa

 「まっちゃ」「ッチャ」の音
ccha

 「あっさり」の「ッサ」の音
ssa

　語頭の濃音は発音しにくいですが、語中の濃音は「ッ」を入れられるので発音しやすいでしょう。

語頭の濃音	語中の濃音	
까치 ＝ カササギ kkach^hi （ッカチ）	오빠 ＝ お兄さん oppa （オッパ）	가짜 ＝ 偽物 kaccha （カッチャ）

パッチム

ハングルには「子音＋母音＋子音」となる文字があります。この2つ目の子音が「パッチム」です。パッチムをきれいに発音するのが、韓国語らしく話すコツです。

●2つ目の子音＝パッチム

　ハングルは子音と母音の組み合わせですが、さらにもう1つ子音がつく場合があります。この2つ目の子音を「パッチム」といいます。

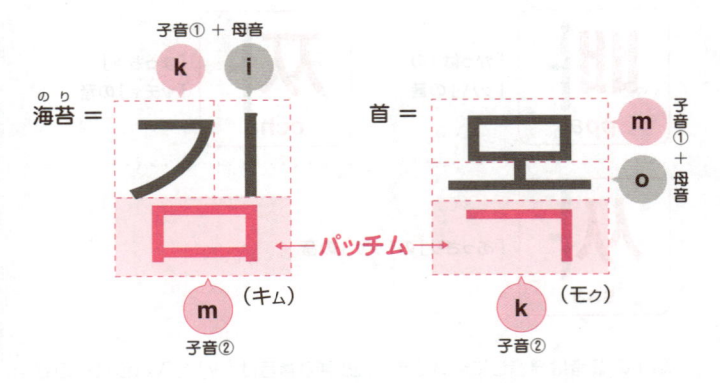

子音① ＋ 母音

k　i

海苔（のり）＝ 김

m（キム）

子音②

首 ＝ 목

m　子音①＋母音

o

k（モク）

子音②

←　パッチム　→

※パッチムは母音がつかない音なので、ひらがなでは書き表せません。本書ではパッチムのカタカナルビを「ク」「プ」「ム」「ル」と小さな文字で表記しています。

　김 [kim] は唇を閉じたまま鼻から息を出します。唇を離すと口から息が出て、[kimu] と母音がついてしまうので、気をつけましょう。

　목 [mok] は舌の付け根でのどの入り口をふさいで息を止めます。息を出してしまうと、[moku] と母音がついてしまうので、気をつけてください。

●パッチムの発音は7種類

パッチムは大きく3つの音に分けられ、発音は7種類しかありません。

	閉鎖音		
	（のどの音）	（歯の音）	（唇の音）
発音	① ㄱ [k]	② ㄷ [t]	③ ㅂ [p]
パッチム	ㄱ、ㅋ、ㄲ	ㄷ、ㅌ、ㅅ、ㅆ ㅈ、ㅊ、ㅎ	ㅂ、ㅍ
例	각 kak（カク）	갇 kat（カッ）	갑 kap（カプ）

> 舌や唇で息を止める音

> 舌を上の歯茎につけたまま、舌の両脇から息を出す音

	鼻音		側音
			（歯の音）
発音	④ ㅇ [ng]	⑤ ㄴ [n]	⑥ ㅁ [m]	⑦ ㄹ [l]
パッチム	ㅇ	ㄴ	ㅁ	ㄹ
例	강 kang（カン）	간 kan（カン）	감 kam（カム）	갈 kal（カル）

> 鼻から息を出す音

パッチムは、その子音を発音する準備をした状態をキープします。また、母音がつかなければ激音（p.20参照）や濃音（p.21参照）の発音になりませんので、パッチムが激音や濃音でも、発音上の違いはありません。

박 = ひょうたん　　**밖** = 外
pak（パク）　　　　　pak（パク）　　← いずれも同じ発音

また、ㄷ [t]、ㅌ [tʰ]、ㅅ [s]、ㅆ [ss]、ㅈ [ch]、ㅊ [chʰ] の子音は、いずれも舌を上の歯茎につけて発音しますが、息を吐き出さないでストップするので、すべて ㄷ [t] の音になります。

빗 = くし　　　**빚** = 借金　　　**빛** = 光
pit（ピッ）　　　　pit（ピッ）　　　　pit（ピッ）
　　　　　　　　　　　　　　　　　　← いずれも同じ発音

●発音

発音の変化

韓国語は、パッチムの影響などで発音が変化する場合がありますが、それは「発音を楽にするため」のもの。たくさん読むうちに慣れていきます。単語ページの解説と併せて、発音のルールを見ていきましょう。

① 連音化

パッチムの次に母音で始まる文字がくると、パッチム（子音）と母音がくっついて発音されます。

1文字ずつ読むと
| tan | ō |

단어 = 単語

続けて読むと
tanō
(タノ)

発音
ta nō
[다너]

1文字ずつ読むと
| chik | ōp |

직업 = 職業

続けて読むと
chigōp
(チゴプ)

発音
chi gōp
[지겁]

※パッチムが ○ の場合は連音化しません。例：종이（チョンイ）＝紙
※母音の前のパッチム ㅎ [h] は発音されません。例：좋아요（チョアヨ）＝よいです

パッチムの発音は7種類ですが（p.23参照）、連音化するときは元の子音の音で連音化します。　　※特に母音で始まる助詞が続く場合は、連音化に注意しましょう。

子音 ㅅ ＝ [s] は
パッチムの発音が [t]

옷 = 服 → **옷이** = 服が

1文字ずつ読むと
| ot | i |

発音
ot
[옫]
ot
(オッ)

続けて読むと
osi
(オシ)

発音
o si
[오시]

元の音
[s] で
連音化

② 濃音化

　ㄱ、ㄷ、ㅂ、ㅈは「語頭は濁らず、語中では濁る」子音です。しかし、これらの子音の前に閉鎖音のパッチム（息を止める音：ㄱ・ㄷ・ㅂ）があると、パッチムが「ッ」の働きをして次のㄱ、ㄷ、ㅂ、ㅈが濃音で発音されます。

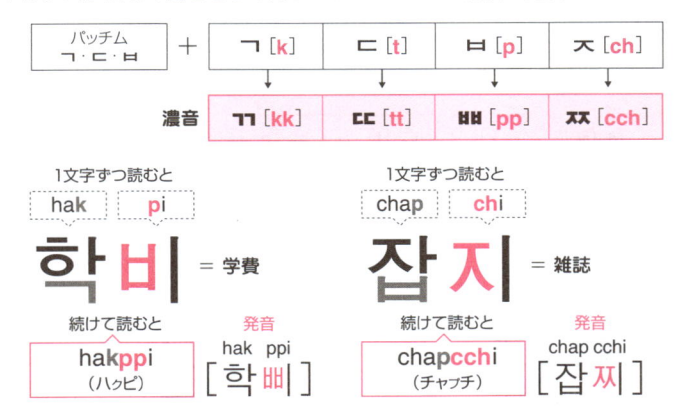

※閉鎖音の次の子音は、自然に濃音で発音されます。
※ㅅも閉鎖音の次にくると濃音化します。例：몇시（ミョッシ）＝何時

③ 激音化

　ㄱ、ㄷ、ㅂ、ㅈとㅎが隣り合うと、ㄱ、ㄷ、ㅂ、ㅈが激音で発音されます。

④ 鼻音化

鼻音は鼻から息を出す音で、ㅇ、ㄴ、ㅁが鼻音です。鼻音はほかの子音を鼻音に変えることがあります。

● 鼻音化1

閉鎖音のパッチム（ㄱ、ㄷ、ㅂで発音されるもの）の次に鼻音ㄴ、ㅁが続くと、閉鎖音が鼻音ㅇ、ㄴ、ㅁで発音されます。

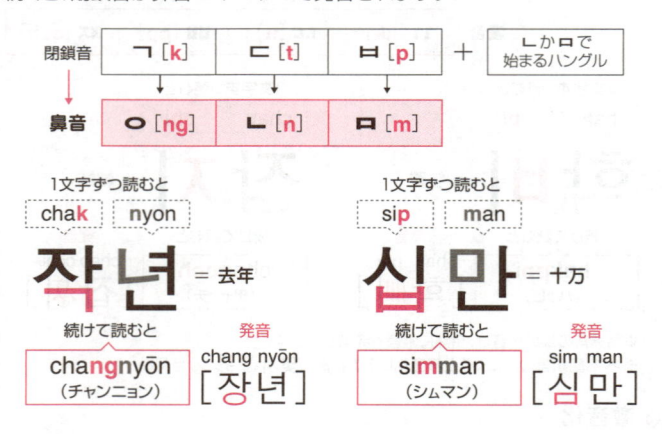

● 鼻音化2

パッチムㅇ、ㅁの次にㄹが続くと、ㄹがㄴで発音されます。

● **鼻音化3**

パッチム ㄱ、ㅂ の次に ㄹ が続くと、パッチム ㄱ、ㅂ が鼻音 ㅇ、ㅁ で、ㄹ が ㄴ で発音されます。

⑤ **側音化**

パッチムと次に続く子音の組み合わせが ㄹ と ㄴ の場合、どちらも ㄹ で発音されます。

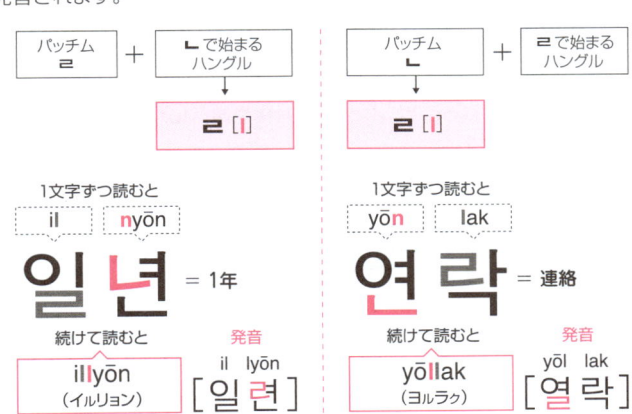

⑥ ㄴ[n]音の挿入

　複数の単語を組み合わせた名詞の場合、間にㄴ[n]が挿入されることがあります。ㄴ[n]が挿入されるのは、前の単語がパッチムで終わり、後ろの単語が이（イ）もしくはヤ行の야（ヤ）、여（ヨ）、유（ユ）、요（ヨ）で始まる場合です。

　ㄴ[n]が挿入されることによって、鼻音化や側音化（p.26〜27参照）が生じることがあります。

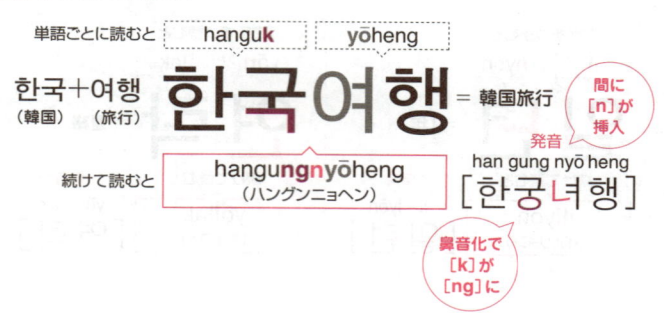

⑦ ㅎ [h] の弱音化

　子音のㅎは、語頭では [h] で発音されますが、語中にくると弱まって [h] が聞こえなくなることがあります。

ㅎ [h] が弱音化

　ㅎ [h] が弱音化することによって、連音化が生じることがあります。

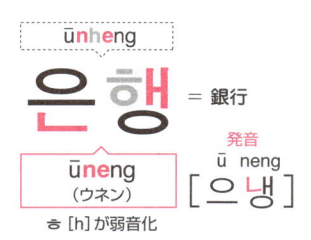

ㅎ [h] が弱音化

　ただし、この弱音化は個人差があり、「銀行」の発音も「ウンヘン」とかすかにㅎ [h] が聞こえるように発音する人もいます。

●子音＋母音の組み合わせ一覧表

反切表

		基本母音						
		ㅏ a	ㅓ ō	ㅗ o	ㅜ u	ㅡ ū	ㅣ i	ㅐ e	ㅔ e
ㄱ k/g		가 カ/ガ	거 コ/ゴ	고 コ/ゴ	구 ク/グ	그 ク/グ	기 キ/ギ	개 ケ/ゲ	게 ケ/ゲ
ㄴ n		나 ナ	너 ノ	노 ノ	누 ヌ	느 ヌ	니 ニ	내 ネ	네 ネ
ㄷ t/d		다 タ/ダ	더 ト/ド	도 ト/ド	두 トゥ/ドゥ	드 トゥ/ドゥ	디 ティ/ディ	대 テ/デ	데 テ/デ
ㄹ l		라 ラ	러 ロ	로 ロ	루 ル	르 ル	리 リ	래 レ	레 レ
ㅁ m		마 マ	머 モ	모 モ	무 ム	므 ム	미 ミ	매 メ	메 メ
ㅂ p/b		바 パ/バ	버 ポ/ボ	보 ポ/ボ	부 プ/ブ	브 プ/ブ	비 ピ/ビ	배 ペ/ベ	베 ペ/ベ
ㅅ s		사 サ	서 ソ	소 ソ	수 ス	스 ス	시 シ	새 セ	세 セ
ㅇ 音がない子音		아 ア	어 オ	오 オ	우 ウ	으 ウ	이 イ	애 エ	에 エ
ㅈ ch/j		자 チャ/ジャ	저 チョ/ジョ	조 チョ/ジョ	주 チュ/ジュ	즈 チュ/ジュ	지 チ/ジ	재 チェ/ジェ	제 チェ/ジェ
ㅎ h		하 ハ	허 ホ	호 ホ	후 フ	흐 フ	히 ヒ	해 ヘ	혜 ヘ

基本子音

日本語の五十音表にあたるのが「反切表」です。母音と組み合わせる子音が ㄱ [k/g]、ㄴ [n]、ㄷ [t/d]、ㄹ [l]…と並ぶので「カナダラ表」ともいいます。

	基本母音							
	ㅏ a	ㅓ ō	ㅗ o	ㅜ u	ㅡ ū	ㅣ i	ㅐ e	ㅔ e
激音（子音） ㅋ kʰ	카 カ	커 コ	코 コ	쿠 ク	크 ク	키 キ	캐 ケ	케 ケ
ㅌ tʰ	타 タ	터 ト	토 ト	투 トゥ	트 トゥ	티 ティ	태 テ	테 テ
ㅍ pʰ	파 パ	퍼 ポ	포 ポ	푸 プ	프 プ	피 ピ	패 ペ	페 ペ
ㅊ chʰ	차 チャ	처 チョ	초 チョ	추 チュ	츠 チュ	치 チ	채 チェ	체 チェ
濃音（子音） ㄲ kk	까 ッカ	꺼 ッコ	꼬 ッコ	꾸 ック	끄 ック	끼 ッキ	깨 ッケ	께 ッケ
ㄸ tt	따 ッタ	떠 ット	또 ット	뚜 ットゥ	뜨 ットゥ	띠 ッティ	때 ッテ	떼 ッテ
ㅃ pp	빠 ッパ	뻐 ッポ	뽀 ッポ	뿌 ップ	쁘 ップ	삐 ッピ	빼 ッペ	뻬 ッペ
ㅉ cch	짜 ッチャ	쩌 ッチョ	쪼 ッチョ	쭈 ッチュ	쯔 ッチュ	찌 ッチ	째 ッチェ	쩨 ッチェ
ㅆ ss	싸 ッサ	써 ッソ	쏘 ッソ	쑤 ッス	쓰 ッス	씨 ッシ	쌔 ッセ	쎄 ッセ

※ 母音 ㅓ と ㅗ、ㅜ と ㅡ は、カタカナの発音表記が同じでも、発音は異なります（p.16参照）。
※ 激音 ㅋ、ㅌ、ㅍ、ㅊ は、基本子音 ㄱ、ㄷ、ㅂ、ㅈ とカタカナの発音表記が同じでも、発音は異なります（p.20参照）。

ア行の子音

音のない子音 ㅇ と母音の組み合わせは、母音のみの音になります。日本語のア行の音がこれに当たります。

※ ㅇ がパッチムになると[ng]の音で発音されます。また、ヤ行も子音 ㅇ ＋母音で表します。

妻 =

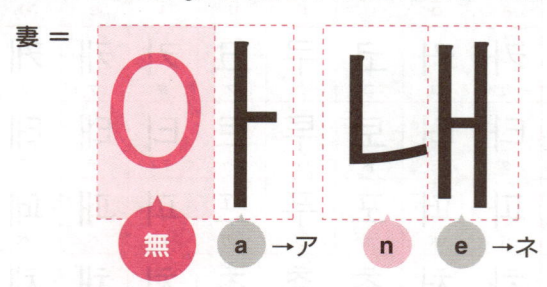

| 無 | a →ア | n | e →ネ |

朝	아침	(無)a ＋ chʰim → アチム
息子	아들	(無)a ＋ dūl → アドゥル
これ	이것	(無)i ＋ gōt → イゴッ
理由	이유	(無)i ＋(無)yu → イユ
私たち	우리	(無)u ＋ li → ウリ

うどん	우동	(無)u + do**ng** → ウドン	
食べ物	음식	(無)ūm + sik → ウムシク	
恋人	애인	(無)e +(無)in → エイン	
愛情	애정	(無)e + jō**ng** → エジョン	
エネルギー	에너지	(無)e+nō+ji → エノジ	
鴨	오리	(無)o + li → オリ	
今日	오늘	(無)o + nūl → オヌル	
お母さん	어머니	(無)ō+mō+ni → オモニ	
野球	야구	(無)ya + gu → ヤグ	
料理	요리	(無)yo + li → ヨリ	

カ行の子音

基本子音 ㄱ [k] と母音を組み合わせると、カ行の音になります。語中はガ行になります。

※ ㄱがパッチムの場合は舌の奥でのどをふさぎます。母音をつけて「ク」と発音しないように。

歌手 ＝

店	가게	ka + ge	→ カゲ
家族	가족	ka + jok	→ カジョク
機械	기계	ki + gye	→ キゲ
記憶	기억	ki ＋(無)ōk	→ キオク
靴	구두	ku + du	→ クドゥ

雲	구름	ku + lūm	→ クルム
それ	그것	kū + gōt	→ クゴッ
カエル	개구리	ke + gu + li	→ ケグリ
個人	개인	ke +(無)in	→ ケイン
掲示板	게시판	ke + si + pʰan	→ ケシパン
峠	고개	ko + ge	→ コゲ
サツマイモ	고구마	ko + gu + ma	→ コグマ
クモ	거미	kō + mi	→ コミ
冬	겨울	kyō +(無)ul	→ キョウル
教会	교회	kyo + hwe	→ キョフェ

サ行の子音

基本子音 ㅅ [s]を母音と組み合わせると、サ行の音になります。ㅅ は語中でも濁りません。

愛 = 사랑

s + a →サ
l / a / ng →ラン

人	사람	sa + lam	→ サラム
鹿	사슴	sa + sūm	→ サスム
時間	시간	si + gan	→ シガン
田舎	시골	si + gol	→ シゴル
手ぬぐい	수건	su + gōn	→ スゴン

スイカ	수박	**s**u + bak	→ スバク
師匠	스승	**s**ū + **s**ūng	→ ススン
知恵	슬기	**s**ūl + gi	→ スルギ
エビ	새우	**s**e + (無)u	→ セウ
洗濯機	세탁기	**s**e + tʰak + kki	→ セタクキ
塩	소금	**s**o + gūm	→ ソグム
小説	소설	**s**o + **s**ōl	→ ソソル
ソウル	서울	**s**ō + (無)ul	→ ソウル
書店	서점	**s**ō + jōm	→ ソジョム
スーパー	슈퍼	**s**yu + pʰō	→ シュポ

タ行の子音

基本子音 ㄷ [t] と母音を組み合わせると、タ行の音になります。語中はダ行になります。

※韓国語のタ行は、ta（タ）、ti（ティ）、tu（トゥ）、te（テ）、to（ト）です。

次 =

橋	다리	ta + li → タリ
デザイン	디자인	ti + ja + (無) in → ティジャイン
豆腐	두부	tu + bu → トゥブ
返事	대답	te + dap → テダプ
キキョウ	도라지	to + la + ji → トラジ

●読んでみよう

チャ行の子音

基本子音 ㅈ [ch] を母音と組み合わせると、チャ行の音になります。語中はジャ行になります。

自信 ＝

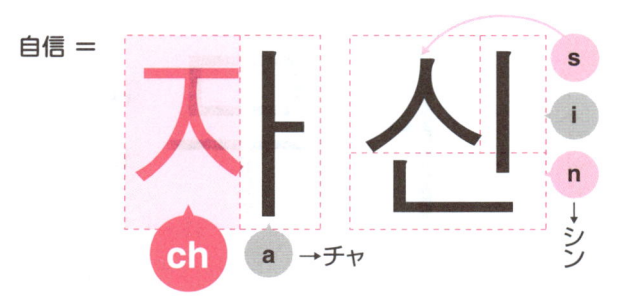

ch　a →チャ

s
i
n
→シン

自由	자유	cha ＋（無）yu → チャユ
地球	지구	chi ＋ gu　　　 → チグ
週末	주말	chu ＋ mal　　 → チュマル
才能	재능	che ＋ nūng　 → チェヌン
貝	조개	cho ＋ ge　　 → チョゲ

ナ行の子音

基本子音 ㄴ [n] を母音と組み合わせると、ナ行の音になります。

※ ㄴ がパッチムの場合は「ン」の音になります。

木 =

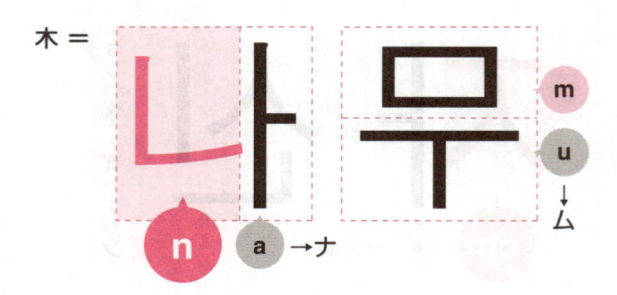

国	나라	na + la	→ ナラ
年齢	나이	na +(無)i	→ ナイ
翼	날개	nal + ge	→ ナルゲ
お姉さん	누나	nu + na	→ ヌナ
瞳	눈동자	nun + dong + ja → ヌンドンジャ

感じ	느낌	nū + kkim	→ ヌッキム
オオカミ	늑대	nūk + tte	→ ヌクテ
明日	내일	ne +（無）il	→ ネイル
鍋	냄비	nem + bi	→ ネムビ
交差点	네거리	ne + gō + li	→ ネゴリ
ネクタイ	넥타이	nek + tʰa +（無）i	→ ネクタイ
歌	노래	no + le	→ ノレ
労働	노동	no + dong	→ ノドン
タヌキ	너구리	nō + gu + li	→ ノグリ
広さ	넓이	nōlb +（無）i	→ ノルビ

ハ行の子音

基本子音 ㅎ [h] を母音と組み合わせると、ハ行の音になります。語中でバ行にはなりません（バ行・パ行の音の子音は ㅂ [p/b] です）。

カバ ＝

하 마

h a →ハ　　　　m a →マ

ヒーロー	히어로	hi + ō + lo	→ ヒオロ
曇り	흐림	hū + lim	→ フリム
解決	해결	he + gyōl	→ ヘギョル
腰	허리	hō + li	→ ホリ
湖	호수	ho + su	→ ホス

● 読んでみよう

パ行の子音

　基本子音 ㅂ [p] と母音と組み合わせると、パ行の音になります。語中は
バ行になります。

※ ㅂ がパッチムの場合は、唇を閉じて息を止めます。母音をつけて「ブ」の音にならないよう気
を付けましょう。

ご飯 =

↓
パブ

海	바다	pa + da	→ パダ
秘密	비밀	pi + mil	→ ピミル
両親	부모	pu + mo	→ プモ
俳優	배우	pe +(無)u	→ ペウ
麦茶	보리차	po + li + ch^{h}a	→ ポリチャ

マ行の子音

基本子音 ㅁ [m] を母音と組み合わせると、マ行の音になります。

※ ㅁ がパッチムの場合は、唇を閉じたままにします。唇を開けると、母音がついて「ム」と発音してしまうので気をつけましょう。

心 =

魔女	마녀	ma + nyō	→ マニョ
締め切り	마감	ma + gam	→ マガム
未来	미래	mi + le	→ ミレ
アメリカ	미국	mi + guk	→ ミグ_ク
重さ	무게	mu + ge	→ ムゲ

無料	무료	mu + lyo	→ ムリョ
セミ	매미	me + mi	→ メミ
毎日	매일	me +(無)il	→ メイル
メモ	메모	me + mo	→ メモ
メロディ	멜로디	mel + lo + di	→ メルロディ
蚊	모기	mo + gi	→ モギ
田植え	모내기	mo + ne + gi	→ モネギ
頭	머리	mō + li	→ モリ
ホコリ	먼지	mōn + ji	→ モンジ
墓地	묘지	myo + ji	→ ミョジ

ラ行の子音

基本子音 ㄹ [l] を母音と組み合わせると、ラ行の音になります。

※ ㄹ がパッチムの場合は、舌を上あごに付けたままの状態を保ちます。舌を上あごから離すと、母音がついて「ル」と発音してしまうので気をつけましょう。

ラーメン =

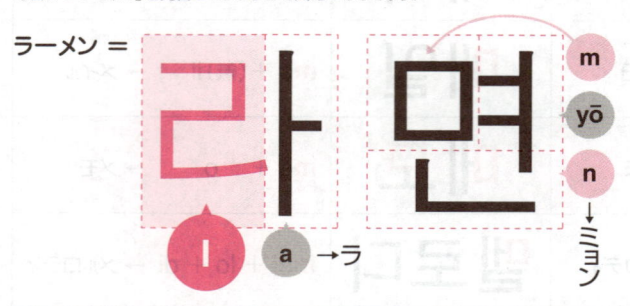

ラジオ	라디오	la + di +（無）o → ラディオ
ライバル	라이벌	la +（無）i + bōl → ライボル
リボン	리본	li + bon　　　→ リボン
リズム	리듬	li + dūm　　　→ リドゥム
ルビー	루비	lu + bi　　　　→ ルビ

ルール	룰	lul	→ ルル
ラップ	랩	lep	→ レプ
ランキング	랭킹	leng + kʰing	→ レンキン
レモン	레몬	le + mon	→ レモン
レコード	레코드	le + kʰo + dū	→ レコドゥ
ロボット	로봇	lo + bot	→ ロボッ
ロックン ロール	로큰롤	lo + kʰūn + lol	→ ロクンロル
ランニング	러닝	lō + ning	→ ロニン
ロシア	러시아	lō + si + (無) a	→ ロシア
ロンドン	런던	lōn + dōn	→ ロンドン

ハングルの日

10月9日は、ハングルの日です。

韓国語を書き表す文字、ハングルは、李氏朝鮮時代の第4代国王である世宗（セジョン）が学者たちを集めて1443年に作り上げ、1446年に訓民正音（훈민정음 フンミンジョンウム）という書物の形で世の中に発表しました。この訓民正音に、公布は1446年9月上旬だったと書かれています。当時は陰暦が使用されていたので、1446年9月10日（上旬の最後の日）を陽暦に換算したのが、10月9日です。

訓民正音とは、「百姓（民）を教える（訓）正しい（正）言葉（音）」という意味で、文字の創造原理などが書かれています。

1945年にハングルの日が制定され、10月9日は休日になりましたが、1990年に「休みが多すぎて国の発展に支障になる」という理由から、ハングルの日が休日から外されてしまいました。ハングルを愛する人々が多方面から働きかけをして、2012年に「公休日に関する規定」が改正されて再び休日になりました。

2014年10月9日には、国立ハングル博物館がソウルに開館しました。文字の歴史はもちろん、書体やデザイン、辞書をめぐる企画展なども充実しています。ハングルをデザインした小物のお土産が人気だそうです。ハングル博物館では訓民正音を見ることができますが、こちらは複製で、原本はソウル市城北区の澗松（간송 カンソン）美術館にあります。韓国旅行に行くことがあったら、ぜひ博物館や美術館にも足を運んでみてください。

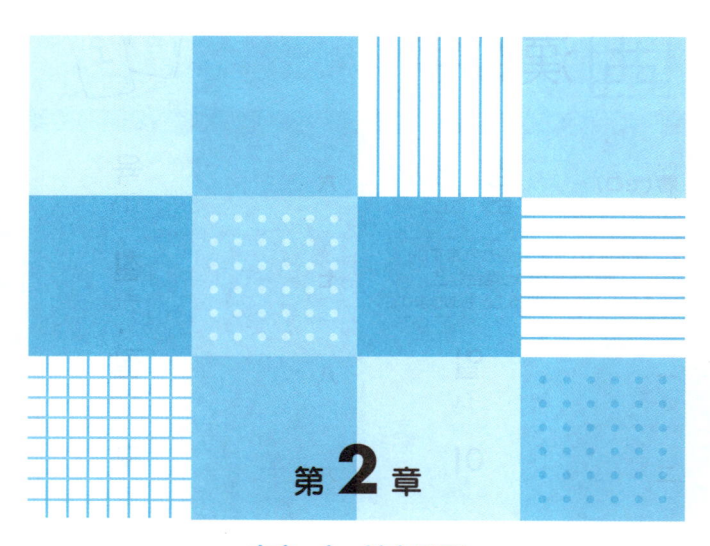

第 **2** 章

基本単語

漢数字

零(ゼロ) れい	영 (공) ヨン コン	六	육 ユク
	通常は영(ヨン)が使われますが、 電話番号をいう場合など 공(コン)が使われることもあります。	七	칠 チル
一	일 イル	八	팔 パル
二	이 イ	九	구 ク
三	삼 サム	十	십 シプ
四	사 サ	十一	십일 シビル
五	오 オ	十二	십이 シビ
		十三	십삼 シプサム
		十四	십사 シプサ

●2種類の数字

　韓国語の数字には、漢数字と固有数字(p.52参照)の2種類があり、助数詞によって使い分けます(p.54〜55参照)。

十五	십오 シボ	六十	육십 ユクシプ
十六	십육 シムニュク	七十	칠십 チルシプ

> 십と육の間にㄴが挿入され（p.28）、
> ㄴの前のパッチムㅂが鼻音化して
> ［심늌（シムニュク）］と発音します。

		八十	팔십 パルシプ
十七	십칠 シプチル	九十	구십 クシプ
十八	십팔 シプパル	百	백 ペク
十九	십구 シプク	二百	이백 イベク
二十	이십 イシプ	三百	삼백 サムベク
三十	삼십 サムシプ	千	천 チョン
四十	사십 サシプ	二千	이천 イチョン
五十	오십 オシプ	一万	만 マン

● 数

固有数字

1	**하나** (한) ハナ　ハン	8	**여덟** ヨドル
2	**둘** (두) トゥル　トゥ	9	**아홉** アホプ
3	**셋** (세) セッ　セ	10	**열** ヨル
4	**넷** (네) ネッ　ネ	11	**열하나** ヨラナ
5	**다섯** タソッ		하の ㅎ が弱音化して(p.29)[**여라나** (ヨラナ)]と発音しますが、弱音化 しないで発音されることもあります。
6	**여섯** ヨソッ	12	**열둘** ヨルトゥル
7	**일곱** イルゴプ	13	**열셋** ヨルセッ

●固有数字の特徴

固有数字の「1」～「4」と「20」は、助数詞がつく場合、それぞれ、**한** ハン(1)、**두** トゥ(2)、**세** セ(3)、**네** ネ(4)、**스무** スム(20)になります。

固有数字は「99」の**아흔아홉**(アフナホプ)までなので、「100」以降を表すにはp.50の漢数字を使います。

14	**열넷** ヨルレッ	24	**스물넷** スムルレッ

パッチム ㄹ の次の ㄴ が側音化して
[열렏 (ヨルレッ)] と読みます。

「24」も「14」同様、
パッチム ㄹ の次の ㄴ が側音化して
[스물렏 (スムルレッ)] と読みます。

15	**열다섯** ヨルタソッ	30	**서른** ソルン

16	**열여섯** ヨルリョソッ	40	**마흔** マフン

「16」「17」「18」は열の後ろに
ㄴ が挿入され (p.28)、さらに側音化
して発音されます。

17	**열일곱** ヨルリルゴナ	50	**쉰** スィン

「17」は [여릴곱 (ヨリルゴナ)] と
発音する人が多いです。

18	**열여덟** ヨルリョドル	60	**예순** イェスン

19	**열아홉** ヨラホナ	70	**일흔** イルン

20	**스물(스무)** スムル スム	80	**여든** ヨドゥン

		90	**아흔** アフン

		99	**아흔아홉** アフナホナ

●数
助数詞・単位

漢数字につくもの		秒	초 チョ
年	년 ニョン	ウォン	원 ウォン
月	월 ウォル	センチ	센티 センティ
ヵ月	개월 ケウォル	メートル	미터 ミト
週	주 チュ	キロ	킬로 キルロ
日	일 イル	グラム	그램 クレム
分	분 プン	リットル	리터 リト

●数字＋助数詞の表し方

　数字と助数詞は基本的には分かち書きしますが、つけて書くことも許容されており、本書では分かち書きしないで表記しています。

　数字は通常「1」「2」などアラビア数字で書き表します。読む時は、助数詞や表す意味によって、漢数字か固有数字かを判断します。

固有数字につくもの	
時	시 シ
個	개 ケ
枚	장 チャン
杯	잔 チャン
歳	살 サル
人	명 ミョン
通 (手紙やメール)	통 トン
匹	마리 マリ
台	대 テ

漢数字と固有数字で 使い分けるもの	
巻／冊	권 クォン
[漢数字] 第2巻	제이권 チェイグォン
[固有数字] 本2冊	책 두권 チェク トゥグォン
番／回	번 ポン
[漢数字] 4番打者	사번 타자 サボン タジャ
[固有数字] 4回	네번 ネボン
ページ	페이지 ペイジ
[漢数字] 5(番目の) ページ	오페이지 オペイジ
[固有数字] 5ページ (の分量)	다섯페이지 タソッペイジ

期間・とき

1日 （いちにち）	하루 ハル	1週間	일주일 イルチュイル
2日間	이틀 イトゥル	1ヵ月	일개월 イルゲウォル
3日間	사흘 サフル	一月 （ひとつき）	한달 ハンダル
4日間	나흘 ナフル	2ヵ月	이개월 イゲウォル
5日間	닷새 タッセ	二月 （ふたつき）	두달 トゥダル
6日間	엿새 ヨッセ	3ヵ月	삼개월 サムゲウォル
7日間	이레 イレ	三月 （みつき）	석달 ソクタル
10日間	열흘 ヨルル	1年	일년 イルリョン
15日間	보름 ポルム		

パッチムㄹの次のㄴが側音化して
［일련（イルリョン）］と発音します。

56

おととい	**그제** クジェ	夜	**밤** パム
昨日	**어제** オジェ	今	**지금** チグム
今日	**오늘** オヌル	さっき	**아까** アッカ
明日	**내일** ネイル	去年	**작년** チャンニョン
あさって	**모레** モレ	ㄴの前のパッチム ㄱが鼻音化して [장년 (チャンニョン)] と発音します。	
毎日	**매일** メイル	今年	**올해** オレ
早朝、 明け方	**새벽** セビョク	来年	**내년** ネニョン
朝	**아침** アチム	毎年	**매년** メニョン
昼	**낮** ナッ	3年前	**삼년 전** サムニョン ジョン
夕方	**저녁** チョニョク	10年後	**십년 후** シムニョン フ

57

●とき

 暦

1月	일월 イルォル	9月	구월 クウォル
2月	이월 イウォル	10月	시월 シウォル

「10」の漢数字は십ですが、「月」=월がつくとパッチムㅂが落ちて시になります。

3月	삼월 サムォル		
4月	사월 サウォル	11月	십일월 シビロル
5月	오월 オウォル	12月	십이월 シビウォル
6月	유월 ユウォル	先月	지난달 チナンダル

「6」の漢数字は육ですが、「月」=월がつくとパッチムㄱが落ちて유になります。

		今月	이번 달 イボン タル
7月	칠월 チルォル	来月	다음 달 タウム タル
8月	팔월 パルォル	月初/月末	월초/월말 ウォルチョ ウォルマル

上旬	초순 チョスン	先週	지난주 チナンジュ
中旬	중순 チュンスン	今週	이번 주 イボン チュ
下旬	하순 ハスン	来週	다음 주 タウム チュ
月曜日	월요일 ウォリョイル	週末	주말 チュマル
火曜日	화요일 ファヨイル	休日	휴일 ヒュイル
水曜日	수요일 スヨイル	季節	계절 ケジョル
木曜日	목요일 モギョイル	春	봄 ポム
金曜日	금요일 クミョイル	夏	여름 ヨルム
土曜日	토요일 トヨイル	秋	가을 カウル
日曜日	일요일 イリョイル	冬	겨울 キョウル

時刻・時間

1時	**한 시** ハンシ	10時	**열 시** ヨルシ
2時	**두 시** トゥシ	11時	**열한 시** ヨランシ
3時	**세 시** セシ	12時	**열두 시** ヨルトゥシ
4時	**네 시** ネシ	1時30分	**한 시 삼십분** ハンシ サムシプブン
5時	**다섯 시** タソッシ	3時半	**세 시 반** セシ バン
6時	**여섯 시** ヨソッシ		時刻の「30分」は삼십분のほか このように「半」＝반で 表すこともできます。
7時	**일곱 시** イルゴプシ	午前	**오전** オジョン
8時	**여덟 시** ヨドルシ	午後	**오후** オフ
9時	**아홉 시** アホプシ	正午	**정오** チョンオ

1時ごろ	한시 쯤 ハンシ チュム	60分	육십분 ユクシプブン
2時間前	두시간 전 トゥシガン ジョン	10分前	십분 전 シプブン ジョン
3時間後	세시간 후 セシガン フ	20分後	이십분 후 イシプブン フ
1分	일분 イルブン	1秒	일초 イルチョ
2分	이분 イブン	10秒	십초 シプチョ
3分	삼분 サムブン	30秒	삼십초 サムシプチョ
5分	오분 オブン	60秒	육십초 ユクシプチョ
15分	십오분 シボブン	1分15秒	일분 십오초 イルブン シボチョ
30分	삼십분 サムシプブン		
45分	사십오분 サシボブン		

●時刻を表すには

時刻を表す際、「〜時」には固有数字を、「〜分」と「〜秒」には漢数字を使うので、間違えないようにしましょう。

これ	이것 イゴッ	誰	누구 ヌグ
それ	그것 クゴッ	ここ	여기 ヨギ
あれ	저것 チョゴッ	そこ	거기 コギ
どれ	어느것 オヌゴッ	あそこ	저기 チョギ
この人	이 사람 イ サラム	どこ	어디 オディ
その人	그 사람 ク サラム	このように	이렇게 イロケ
あの人	저 사람 チョ サラム	そのように	그렇게 クロケ
どの人	어느 사람 オヌ サラム	あのように	저렇게 チョロケ
どの方	어느 분 オヌ ブン	どのように	어떻게 オットケ

順番	순서 スンソ	まず	우선 ウソン
1番目	첫 번째 チョッ ポンチェ	今すぐ	지금 바로 チグム バロ
2番目	두 번째 トゥ ポンチェ	先に	먼저 モンジョ
3番目	세 번째 セ ポンチェ	あとで	나중에 ナジュンエ
4番目	네 번째 ネ ポンチェ	もう一度	다시 한번 タシ ハンボン
5番目	다섯 번째 タソッ ポンチェ	何度も	몇번이나 ミョッポニナ
最初	처음 チョウム	前回	지난번 チナンボン
次	다음 タウム	今回	이번 イボン
中間	중간 チュンガン	次回	다음번 タウムボン
最後	마지막 マジマㇰ	毎回	매번 メボン

方向・位置

東	동쪽 トンチョク	右	오른쪽 オルンチョク
西	서쪽 ソッチョク	左	왼쪽 ウェンチョク
南	남쪽 ナムチョク	左右	좌우 チョアウ
北	북쪽 プクチョク	前	앞 アプ
南東	남동쪽 ナムドンチョク	後ろ	뒤 トゥイ
北西	북서쪽 プクソッチョク	前後	전후 チョヌ
上	위 ウィ	真ん中	가운데 カウンデ
下	아래 アレ	間	사이 サイ
上下	상하 サンハ	隅	구석 クソク

横	옆 ヨプ	一番後ろ	맨 뒤 メン ドゥイ
隣	이웃 イウッ	縦/横	세로/가로 セロ カロ
そば	곁 キョッ	斜め	대각선 テガクソン
近所	근처 クンチョ	遠くに	멀리 モルリ
周辺	주변 チュビョン	近くに	가까이 カッカイ
中	안 アン	こちら	이쪽 イッチョク
外	밖 パク	そちら	그쪽 クッチョク
向かい側	맞은편 マジュンピョン	あちら	저쪽 チョッチョク
向こう側	건너편 コンノピョン	あちこち	여기저기 ヨギジョギ
一番前	맨 앞 メナプ	どちら	어느 쪽 オヌ ッチョク

色・形

色	**색** セク	黄色	**노란색** ノランセク
赤色	**빨간색** パルガンセク	オレンジ色	**오렌지색** オレンジセク
ピンク色	**분홍색** プノンセク	茶色	**갈색** カルセク
紫色	**보라색** ボラセク	ベージュ色	**베이지색** ペイジセク
紺色	**감색** カムセク	カーキ色	**카키 색** カキ　セク
青色	**파란색** パランセク	白色	**하얀색** ハヤンセク
水色	**하늘색** ハヌルセク	灰色	**회색** フェセク
黄緑色	**연두색** ヨンドゥセク	黒色	**검은색** コムンセク
緑色	**녹색** ノクセク	金色	**금색** クムセク

銀色	은색 ウンセク	丸	동그라미 トングラミ
濃い色	진한 색 チナン セク	円	원 ウォン
薄い色	연한 색 ヨナン セク	楕円	타원 タウォン
明るい色	밝은 색 パルグン セク	三角	삼각 サムガク
暗い色	어두운 색 オドゥウン セク	四角	사각 サガク
派手な色	화려한 색 ファリョハン セク	正方形	정사각형 チョンサガキョン
地味な色	수수한 색 ススハン セク		각のパッチム ㄱ と次の子音 ㅎ が激音化して［정사가경（チョンサガキョン）］と発音します。
暖色	난색 ナンセク	長方形	직사각형 チクサガキョン
寒色	한색 ハンセク	星型	별 형 ピョル ヒョン
パステルカラー	파스텔 색상 パステル セクサン	ハート型	하트 형 ハトゥ ヒョン

大きさ・量

大きさ	크기 クギ	サイズ	사이즈 サイジュ
長さ	길이 キリ	寸法	치수 チス
重さ	무게 ムゲ	スモール	스몰 スモル
高さ	높이 ノピ	レギュラー	레귤러 レギュルロ
広さ	넓이 ノルビ	ラージ	라지 ラジ
深さ	깊이 キピ	S	에스 エス
かさ（容積）	부피 プピ	M	엠 エム
幅	폭 ポク	L	엘 エル
量	양 ヤン	XL	엑스엘 エクスエル

身長	키 キ	大きい物	큰 것 クン ゴッ
体重	체중 チェジュン	もっと 大きい物	더 큰 것 ト クン ゴッ
胸囲（胸回り）	가슴둘레 カスムドゥルレ	小さい物	작은 것 チャグン ゴッ
ウェスト （腰回り）	허리둘레 ホリドゥルレ	もっと 小さい物	더 작은 것 ト チャグン ゴッ
ヒップ （お尻回り）	엉덩이둘레 オンドンイドゥルレ	長い物	긴 것 キン ゴッ
肩幅	어깨너비 オッケノビ	短い物	짧은 것 ッチャルブン ゴッ
袖の長さ	소매 길이 ソメ ギリ	重い物	무거운 것 ムゴウン ゴッ
脚の長さ	다리 길이 タリ ギリ	軽い物	가벼운 것 カビョウン ゴッ
スカート丈	치마 길이 チマ ギリ	広い部屋	넓은 방 ノルブン バン
ズボン丈	바지 길이 パジ ギリ	狭い部屋	좁은 방 チョブン バン

状態・音の表現

手が**かさかさ**だ	손이 까칠까칠하다 ソニ　ッカチルカチラダ
すべすべな肌	매끈매끈한 피부 メックンメックナン　ピブ
髪が**ぼさぼさ**だ	머리가 부스스하다 モリガ　ブススハダ
汗で**べたべた**だ	땀으로 끈적끈적하다 ッタムロ　ックンジョックンジョカダ
袖が**ぼろぼろ**だ	소매가 너덜너덜하다 ソメガ　ノドルノドラダ
のどが**からから**に乾く	목이 바짝바짝 탄다 モギ　パッチャクパッチャク　タンダ
つるつるな紙	미끈미끈한 종이 ミックンミックナン　ジョンイ
がやがやしている教室	시끌시끌한 교실 シックルシックラン　ギョシル
ドアを**こんこん**たたく音	문을 똑똑 두드리는 소리 ムヌル　ットクトク　トゥドゥリヌン　ソリ

煙が**もくもく**わき上がる	연기가 뭉게뭉게 피어오른다 ヨンギガ　ムンゲムンゲ　ピオオルンダ
かんかん照り付ける日差し	쨍쨍 내리쬐는 햇볕 ッチェンチェン　ネリッチェヌン　ヘッピョッ
星が**きらきら**している	별이 반짝반짝한다 ピョリ　パンチャクパンチャカンダ
風が**そよそよ**吹いている	바람이 산들산들 분다 パラミ　サンドゥルサンドゥル　プンダ
雨が**ざあざあ**降っている	비가 주룩주룩 온다 ピガ　ジュルクチュルク　オンダ
ごろごろ鳴る雷の音	우르릉거리는 천둥 소리 ウルルンゴリヌン　チョンドゥン　ソリ
岩が**どすん**と落ちた	바위가 쿵 떨어졌다 パウィガ　クン　トロジョッタ
さくさくした天ぷら	바삭바삭한 튀김 パサクパサカン　トゥギム
ふわふわなパン	말랑말랑한 빵 マルランマルランハン　パン
ほかほかなサツマイモ	따끈따끈한 고구마 ッタックンタックナン　コグマ

71

●程度

度合いの表現

たくさん	**많이** マニ		あまりに	**너무** ノム
少し	**조금** チョグム		かなり	**되게** テゲ
少しだけ	**조금만** チョグムマン		たいへん	**무척** ムチョク
本当に	**정말로** チョンマルロ		ものすごく	**굉장히** ケンジャンヒ
まったく	**참** チャム		いちばん	**가장** カジャン
マジで	**진짜** チンチャ		最も	**제일** チェイル
とても	**아주** アジュ			
非常に	**매우** メウ			
ひどく	**몹시** モプシ			

●微妙なニュアンスの副詞

정말로（本当に）、참（まったく）、진짜（マジで）は、「嘘がなく言ったそのまま」というニュアンスです。아주（とても）、매우（非常に）、몹시（ひどく）の3つにあまり違いはなく、同じように使われます。

72

おおよそ	대개 テゲ	ことごとく	몽땅 モンタン
相当に	상당히 サンダンヒ	やっと	겨우 キョウ
そのくらい	그만큼 クマンクム	きわめて	극히 クキ
ある程度	어느 정도 オヌ ジョンド	ぜひ	부디 プディ
若干	약간 ヤッカン	どうか	제발 チェバル
全然	전혀 チョニョ	特に	특히 トゥキ
別に	별로 ピョルロ	それほど	그다지 クダジ
少しずつ	조금씩 チョグムシク	せめて	적어도 チョゴド
無理に	무리하게 ムリハゲ	たかが	고작 コジャク
まことに	대단히 テダニ	到底	도저히 トジョヒ

いろいろな感覚

感覚	감각 カムガク	反応	반응 パヌン
刺激	자극 チャグク	勘	육감 ユクカム
視覚	시각 シガク	直感	직감 チクカム
光	빛 ピッ	快感	쾌감 クェガム
聴覚	청각 チョンガク	痒み	가려움 カリョウム
音	소리 ソリ	痛み	통증 トンチュン
嗅覚	후각 フガク		習慣的に증が濁らず ［통쯩(トンチュン)］と発音します。
におい	냄새 ネムセ	暑い	덥다 トプタ
触覚	촉각 チョクカク	寒い	춥다 チュプタ

熱い	뜨겁다 ットゥゴプタ	明るい	밝다 パクタ
ぬるい	미지근하다 ミジグナダ	暗い	어둡다 オドゥプタ
冷たい	차다 チャダ	真っ暗だ	캄캄하다 カムカマダ
爽快だ	상쾌하다 サンクェハダ	まぶしい	눈부시다 ヌンブシダ
不快だ	불쾌하다 プルクェハダ	こそばゆい	간지럽다 カンジロプタ
清潔だ	청결하다 チョンギョラダ	むずむずする	근질거리다 クンジルゴリダ
汚い	더럽다 トロプタ	痒い	가렵다 カリョプタ
うるさい	시끄럽다 シックロプタ	痛い	아프다 アプダ
静かだ	조용하다 チョヨンハダ	不思議だ	신기하다 シンギハダ
ひっそりする	고요하다 コヨハダ	怪しい	수상하다 スサンハダ

味覚・食感

味覚	미각 ミガゥ	甘い	달다 タルダ
味	맛 マッ	しょっぱい	짜다 ッチャダ
甘み	단맛 タンマッ	すっぱい	시다 シダ
塩味	짠맛 ッチャンマッ	苦い	쓰다 ッスダ
酸味	신맛 シンマッ	辛い	맵다 メゥタ
苦み	쓴맛 ッスンマッ	やや辛い	매콤하다 メコマダ
辛み	매운맛 メウンマッ	甘ったるい	달콤하다 タルコマダ
渋み	떫은맛 ットルブンマッ	甘辛い	매콤달콤하다 メコムダルコマダ
うまみ	감칠맛 カムチルマッ	甘ずっぱい	새콤달콤하다 セコムダルコマダ

濃い味	진한 맛 チナン マッ	おふくろの味	어머니의 손맛 オモニエ ソンマッ	

薄い味	담백한 맛 タムベッカン マッ	食感	식감 シクカム
さっぱり している	산뜻하다 サントゥッタダ	さくさく している	바삭바삭하다 パサクパサカダ
香ばしい	고소하다 コソハダ	シャキシャキ している	아삭아삭하다 アサガサカダ
まろやかだ	순하다 スナダ	歯ごたえが ある	졸깃하다 チョルギタダ
味が薄い	싱겁다 シンゴッタ	おいしい	맛있다 マシッタ

本来は맛のパッチムㅅ（発音は[t]）が連音化して [마딛따(マディッタ)]ですが、この [마싣따(マシッタ)]も許容されています。

水っぽい	밍밍하다 ミンミンハダ		
少し薄い	심심하다 シムシマダ	まずい	맛없다 マドプタ

맛のパッチムㅅ（発音は[t]）が そのまま連音化して [마덥따(マドプタ)]と発音します。

味気がない	짐짐하다 チムジマダ		
脂っこい	기름지다 キルムジダ	口直し	입가심 イプカシム

気持ち

いい	좋다 チョタ	うれしい	기쁘다 キップダ
└ いいね！	좋아요！ チョアヨ	楽しい	즐겁다 チュルゴプタ
嫌だ	싫다 シルタ	うらやましい	부럽다 プロプタ
└ 嫌です	싫어요 シロヨ	いいなぁ～	좋겠다 チョケッタ
好きだ	좋아하다 チョアハダ	幸せだ	행복하다 ヘンボカダ
嫌いだ	싫어하다 シロハダ	すごい	굉장하다 クェンジャンハダ
面白い	재미있다 チェミイッタ	驚く	놀라다 ノルラダ
つまらない	재미없다 チェミオプタ	びっくり	깜짝 ッカムチャク
退屈だ	지루하다 チルハダ	誇らしい	자랑스럽다 チャランスロプタ

（広い意味で）恥ずかしい	부끄럽다 ブックロッタ	情けない	한심하다 ハンシマダ
（内気で）恥ずかしい	수줍다 スジュッタ	イライラする	답답하다 タッタパダ
（失態で）照れくさい	창피하다 チャンピハダ	つらい	괴롭다 クェロッタ
（失態と関係なく）気恥ずかしい	쑥스럽다 ッスクスロッタ	ぎこちない	어색하다 オセカダ
孤独だ	외롭다 ウェロッタ	笑う	웃다 ウッタ
名残惜しい、寂しい	섭섭하다 ソプソパダ	└ 笑います	웃어요 ウソヨ
うら寂しい	쓸쓸하다 ッスルスラダ	泣く	울다 ウルダ
悲しい	슬프다 スルプダ	└ 泣きます	울어요 ウロヨ
むなしい	허전하다 ホジョナダ	怒る	화내다 ファネダ
悔しい	억울하다 オグラダ	└ 怒ります	화내요 ファネヨ

79

ルックス・性格

背が高い	키가 크다 キガ クダ	かわいい	예쁘다 イェップダ
背が低い	키가 작다 キガ ジャクタ	かわいい人	예쁜 사람 イェップン サラム
すらっとしている	날씬하다 ナルシナダ	美人	미인 ミイン
スマートな人	날씬한 사람 ナルシナン サラム	若い	젊다 チョムタ
太っている	뚱뚱하다 ットゥントゥンハダ	若い人	젊은 사람 チョルムン サラム
太っている人	뚱뚱한 사람 ットゥントゥンハン サラム	年取っている	늙다 ヌクタ
ハンサム	핸섬 ヘンソム	年取った人	늙은 사람 ヌルグン サラム
ハンサムな人	잘생긴 사람 チャルセンギン サラム	長髪	긴 머리 キン モリ
イケメン	꽃미남 コンミナム	短髪	단발 머리 タンバル モリ

目が大きい	눈이 크다 ヌニ クダ	大人しい	얌전하다 ヤムジョナダ
脚が長い	다리가 길다 タリガ ギルダ	大人しい人	얌전한 사람 ヤムジョナン サラム
肩幅の 広い人	어깨 깡패 オッケ ッカンペ	真面目だ	부지런하다 プジロナダ
性格	성격 ソンキョク	真面目な人	부지런한 사람 プジロナン サラム
(性格が) 明るい	밝다 パッタ	冷たい	차갑다 チャガプタ
明るい人	밝은 사람 パルグン サラム	気難しい	까다롭다 ッカダロプタ
優しい	착하다 チャカダ	不愛想だ	무뚝뚝하다 ムットゥクトゥカダ
優しい人	착한 사람 チャカン サラム	図々しい	뻔뻔하다 ッポンポナダ
親切だ	친절하다 チンジョラダ	間抜けだ	멍청하다 モンチョンハダ
親切な人	친절한 사람 チンジョラン サラム	臆病だ	겁이 많다 コビ マンタ

●動詞

よく使う動詞

行く	가다 カダ	食べる	먹다 モクタ
└行きます	가요 カヨ	└食べます	먹어요 モゴヨ
来る	오다 オダ	飲む	마시다 マシダ
└来ます	와요 ワヨ	└飲みます	마셔요 マショヨ
歩く	걷다 コッタ	あげる	주다 チュダ
└歩きます	걸어요 コロヨ	└あげます	줘요 チョヨ
走る	달리다 タルリダ	もらう	받다 パッタ
└走ります	달려요 タルリョヨ	└もらいます	받아요 パダヨ

※動詞は、基本形と丁寧形をセットで紹介しています。丁寧形は「〜します」の
ほか、「〜しています」や「〜しなさい」の意味で使われることもあります。

見る	보다 ポダ	する	하다 ハダ
└ 見ます	봐요 ポァヨ	└ します	해요 ヘヨ
言う	말하다 マラダ	思う	생각하다 センガカダ
└ 言います	말해요 マレヨ	└ 思います	생각해요 センガケヨ
聞く	듣다 トゥッタ	感じる	느끼다 ヌッキダ
└ 聞きます	들어요 トゥロヨ	└ 感じます	느껴요 ヌッキョヨ
読む	읽다 イクタ	分かる	알다 アルダ
└ 読みます	읽어요 イルゴヨ	└ 分かります	알아요 アラヨ
書く、使う	쓰다 ッスダ	知らない	모르다 モルダ
└ 書きます、 　使います	써요 ッソヨ	└ 知りません	몰라요 モルラヨ

会う	만나다 マンナダ	入っていく	들어가다 トゥロガダ
会います	만나요 マンナヨ	入って いきます	들어가요 トゥロガヨ
作る	만들다 マンドゥルダ	出ていく	나가다 ナガダ
作ります	만들어요 マンドゥロヨ	出て いきます	나가요 ナガヨ
送る	보내다 ポネダ	戻ってくる	돌아오다 トラオダ
送ります	보내요 ポネヨ	戻って きます	돌아와요 トラワヨ
持つ （所有する）	가지다 カジダ	乗る	타다 タダ
持ちます	가져요 カジョヨ	乗ります	타요 タヨ
（手に)持つ	들다 トゥルダ	降りる	내리다 ネリダ
（手に) 持ちます	들어요 トゥロヨ	降ります	내려요 ネリョヨ

始める	시작하다 シジャカダ	買う	사다 サダ
└始めます	시작해요 シジャケヨ	└買います	사요 サヨ
始まる	시작되다 シジャックトェダ	売る	팔다 パルダ
└始まります	시작돼요 シジャックトェヨ	└売ります	팔아요 パラヨ
終わる	끝나다 ックンナダ	着る	입다 イプタ
└終わります	끝나요 ックンナヨ	└着ます	입어요 イボヨ
開ける	열다 ヨルダ	履く	신다 シンタ
└開けます	열어요 ヨロヨ	└履きます	신어요 シノヨ
閉める	닫다 タッタ	脱ぐ	벗다 ポッタ
└閉めます	닫아요 タダヨ	└脱ぎます	벗어요 ポソヨ

起きる	일어나다 イロナダ	働く	일하다 イラダ
└ 起きます	일어나요 イロナヨ	└ 働きます	일해요 イレヨ
立つ	서다 ソダ	学ぶ	배우다 ペウダ
└ 立ちます	서요 ソヨ	└ 学びます	배워요 ペウォヨ
座る	앉다 アンタ	教える	가르치다 カルチダ
└ 座ります	앉아요 アンジャヨ	└ 教えます	가르쳐요 カルチョヨ
寝る	자다 チャダ	勉強する	공부하다 コンブハダ
└ 寝ます	자요 チャヨ	└ 勉強します	공부해요 コンブヘヨ
遊ぶ	놀다 ノルダ	休む	쉬다 シュィダ
└ 遊びます	놀아요 ノラヨ	└ 休みます	쉬어요 シュィオヨ

探す	찾다 チャッタ	付き合う （交際する）	사귀다 サグィダ
探します	찾아요 チャジャヨ	付き合い ます	사귀어요 サグィオヨ
争う （けんかする）	싸우다 ッサウダ	別れる	헤어지다 ヘオジダ
争います	싸워요 ッサウォヨ	別れます	헤어져요 ヘオジョヨ
謝る	사과하다 サグァハダ	生まれる	태어나다 テオナダ
謝ります	사과해요 サグァヘヨ	生まれます	태어나요 テオナヨ
忘れる	잊다 イッタ	暮らす	살다 サルダ
忘れます	잊어요 イジョヨ	暮らします	살아요 サラヨ
記憶する	기억하다 キオカダ	死ぬ	죽다 チュクタ
記憶します	기억해요 キオケヨ	死にます	죽어요 チュゴヨ

87

よく使う助詞

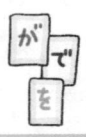

パッチムがない名詞＋が	**가** カ		パッチムがない名詞＋を	**를** ルル
└ブドウが	**포도가** ポドガ		└ノートを	**노트를** ノトゥルル
パッチムがある名詞＋が	**이** イ		パッチムがある名詞＋を	**을** ウル
└レモンが	**레몬이** レモニ		└本を	**책을** チェグル
パッチムがない名詞＋は	**는** ヌン		[場所]に	**에** エ
└私は	**저는** チョヌン		└学校に	**학교에** ハッキョエ
パッチムがある名詞＋は	**은** ウン		[人]に	**에게** エゲ
└明日は	**내일은** ネイルン		└友達に	**친구에게** チングエゲ

※助詞は、名詞を組み合わせたものもセットで紹介しています。名詞にパッチムがないかあるかで形が変わる助詞があるので、注意しましょう。

[場所]で	**에서** エソ	[人]から	**에게서** エゲソ
└ 家で	**집에서** チベソ	└ 客から	**손님에게서** ソンニメゲソ
パッチムが ない名詞＋ [手段/方向]で	**로** ロ	[場所]から	**에서** エソ
└ バスで （手段）	**버스로** ポスロ	└ 家から	**집에서** チベソ
└ 東京へ （方向）	**도쿄로** トキョロ	[時間]から	**부터** プト
パッチムが ある名詞＋ [手段/方向]で	**으로** ウロ	└ 1時から	**한시부터** ハンシブト
└ 新幹線で （手段）	**신칸센으로** シンカンセヌロ	[時間/場所] まで	**까지** ッカジ
└ 南へ （方向）	**남쪽으로** ナムチョグロ	└ ここまで （場所）	**여기까지** ヨギッカジ

● **日本語と微妙に違う助詞の使い方**

　日本語と韓国語では助詞の使い方にずれが生じる場合があります。例えば「トイレはどこですか？」を韓国語にすると、**화장실이 어디에요？**（ファジャンシリ オディエヨ）で、助詞이（が）が使われます。韓国語では「는/은（は）」よりも「가/이（が）」のほうが使う範囲が広いです。

パッチムが ない名詞＋ と	**와** ワ		**と（話し言葉）**	**하고** ハゴ
└肉と野菜	**고기와 야채** コギワ　ヤチェ		└紙と	**종이하고** チョンイハゴ
パッチムが ある名詞＋ と	**과** クァ		**も（添加）**	**도** ト
└月と星	**달과 별** タルグァ　ビョル		└今日も	**오늘도** オヌルド
パッチムが ない名詞＋ と（話し言葉）	**랑** ラン		**の（所有）**	**의** エ
└君と	**너랑** ノラン			
パッチムが ある名詞＋ と（話し言葉）	**이랑** イラン		└歴史の	**역사의** ヨクサエ
└兄と	**형이랑** ヒョンイラン			

> 의（ウィ）は、助詞「の」の
> 意味で使う時は、このように
> ［에（エ）］と発音します。

●助詞「の」と連体形「である」の違い

助詞의 ェ（の）を使った「医者の父」의사의 아버지（ウィサエ アボジ）は、医者である息子の父親のこと（父親＝医者とは限らない）を指します。父親が医者だということを表すには、連体形인 ィン（～である）を使って、「医者である父」의사인 아버지（ウィサイン アボジ）と表します。

より（比較）	보다 ポダ	バッチムが ない名詞＋ でも（例えば）	나 ナ
これより	이것보다 イゴッポダ	コーヒー でも	커피나 コピナ
だけ、ばかり	만 マン	バッチムが ある名詞＋ でも（例えば）	이나 イナ
1つだけ	하나만 ハナマン	ニンニク でも	마늘이나 マヌリナ
バッチムが ない名詞＋ こそ	야말로 ヤマルロ	までも	조차 チョチャ
子供こそ	아이야말로 アイヤマルロ	名前までも	이름조차 イルムジョチャ
バッチムが ある名詞＋ こそ	이야말로 イヤマルロ	さえ（望まない ものの追加）	마저 マジョ
女性こそ	여성이야말로 ヨソンイヤマルロ	雨さえ	비마저 ピマジョ
しか（〜ない）	밖에 パッケ	ごとに	마다 マダ
少ししか	조금밖에 チョグムパッケ	日曜日 ごとに	일요일마다 イリョイルマダ

よく使う副詞

よく	**잘** チャル	時々	**가끔** カックム
すべて	**다** タ	いつも	**항상** ハンサン
すぐに	**곧** コッ	すでに	**벌써** ポルソ
また	**또** ット	まだ	**아직** アジク
もっと	**더** ト	折しも	**마침** マチム
しばし	**잠시** チャムシ	ついに	**마침내** マチムネ
再び	**다시** タシ	ずっと	**계속** ケソク
必ず	**꼭/반드시** ッコッ パンドゥシ	早く	**빨리** ッパルリ
絶対に	**절대로** チョルテロ	早めに	**일찍** イルチク

힘껏	ヒムコッ	力いっぱい
막	マク	むやみに
가득	カドゥク	いっぱい
모두	モドゥ	全部
같이	カチ	一緒に
함께	ハムケ	共に
서로	ソロ	互いに
혼자서	ホンジャソ	一人で
둘이서	トゥリソ	二人で
따로	ッタロ	別々に

혹시	ホクシ	もしや
역시	ヨクシ	やはり
만약	マニャク	もし
만일	マニル	万一
아마	アマ	多分
설마	ソルマ	まさか
과연	クァヨン	果たして
물론	ムルロン	もちろん
보통	ポトン	普通
마음껏	マウムコッ	思う存分

とにかく	하여튼 ハヨトゥン	この上なく	더없이 トオプシ
一体全体	도대체 トデチェ	果てしなく	끝없이 ックドプシ
突然	갑자기 カプチャギ	数限りなく	수없이 スオプシ
思いのほか	뜻밖에 ットゥッパッケ	黙って	말없이 マロプシ
思いのままに	마음대로 マウムデロ	残さず	남김없이 ナムギモプシ
きれいに	깨끗이 ッケックシ	もれなく	빠짐없이 ッパジモプシ
近くに	가까이 カッカイ	よどみなく	거침없이 コチモプシ
所々	곳곳이 コッコシ	関係なく	상관없이 サングァノプシ
念入りに	곰곰이 コムゴミ	絶え間なく	끊임없이 ックニモプシ
あえて	굳이 クジ	間違いなく	틀림없이 トゥルリモプシ

楽に	편히 ピョニ	無事に	무사히 ムサヒ
よく （珍しくない）	흔히 フニ	丁寧に	은근히 ウングニ
いたずらに	괜히 クェニ	徐々に	서서히 ソソヒ
あえて （大胆にも）	감히 カミ	かろうじて	간신히 カンシニ
熱心に	열심히 ヨルシミ	安らかに	안녕히 アンニョンヒ
ゆっくり	천천히 チョンチョニ	危うく	하마터면 ハマトミョン
静かに	조용히 チョヨンヒ	どうせなら	이왕이면 イワンイミョン
確実に	확실히 ファクシリ	ややもすると	얼핏하면 オルピタミョン
相変わらず	여전히 ヨジョニ	もしかしたら	어쩌면 オッジョミョン
じっと	가만히 カマニ	どうやら	어쩐지 オッジョンジ

韓国語は日本語と似ているところが多いので、最初はとても学びやすく感じます。そして学習が進むと、今度は日本語と異なる部分や、ずれが生じる部分が面白くなってきます。

例えば、日本語では手も髪も服もすべて「洗う」を使いますが、韓国語では次のように使い分けます。

- **手を洗う** = 손을 **씻다** ソヌル シッタ
- **髪を洗う** = 머리를 **감다** モリルル ガムタ
- **服を洗う** = 옷을 **빨다** オスル パルダ
- **顔を洗う** = **세수하다** セスハダ

逆に、韓国語は同じ単語を使うのに、前につく名詞によって、それぞれ違う日本語になるものもあります。

- **칼을 갈다** カルル ガルダ = 包丁を研ぐ
- **먹을 갈다** モグル ガルダ = 墨を擦る
- **무를 갈다** ムルル ガルダ = 大根をおろす
- **콩을 갈다** コンウル ガルダ = 豆を挽く

確かに「研ぐ」「擦る」「おろす」「挽く」時の動きには、共通するものがありますね。韓国語を学んで日本語を振り返ってみるのも面白いでしょう。

第 **3** 章

移動する・泊まる

● 移動

 韓国の地名

⑨ 江原道

仁川 ④
広域市

① ソウル
特別市

⑧ 京畿道

⑩ 忠清北道

⑪ 忠清南道

⑰ 世宗特別自治市
⑥ 大田
広域市

⑭ 慶尚北道

⑫ 全羅北道

③ 大邱広域市

⑦ 蔚山
広域市

⑮ 慶尚南道

⑤ 光州
広域市

② 釜山広域市

⑬ 全羅南道

⑯ 済州特別自治道

韓国の行政区画

区分	名称（韓国語・読み）	区分	名称（韓国語・読み）
①ソウル特別市	서울특별시 ソウルトゥクピョルシ	⑪忠清南道	충청남도 チュンチョンナムド
②釜山広域市	부산광역시 プサングァンヨクシ	⑫全羅北道	전라북도 チョルラブクト
③大邱広域市	대구광역시 テググァンヨクシ	⑬全羅南道	전라남도 チョルラナムド
④仁川広域市	인천광역시 インチョングァンヨクシ	⑭慶尚北道	경상북도 キョンサンブクト
⑤光州広域市	광주광역시 クァンジュグァンヨクシ	⑮慶尚南道	경상남도 キョンサンナムド
⑥大田広域市	대전광역시 テジョングァンヨクシ	⑯済州特別自治道	제주특별자치도 チェジュトゥクピョルジャチド
⑦蔚山広域市	울산광역시 ウルサングァンヨクシ	⑰世宗特別自治市	세종특별자치시 セジョントゥクピョルジャチシ
⑧京畿道	경기도 キョンギド		
⑨江原道	강원도 カンウォンド		
⑩忠清北道	충청북도 チュンチョンブクト		

● **日本とは少し違う行政区画**

　韓国の行政区は、日本の県に当たる「道」が8つと「特別自治道」、「特別市」、「広域市」、「特別自治市」があります。

　道の下に市・郡が、特別市と広域市の下には区・郡が置かれています。

水原市 （道庁所在地）	수원시	スウォンシ
城南市	성남시	ソンナムシ
議政府市	의정부시	ウィジョンブシ
安養市	안양시	アニャンシ
富川市	부천시	プチョンシ
華城市	화성시	ファソンシ
安山市	안산시	アンサンシ
高陽市	고양시	コヤンシ
南楊州市	남양주시	ナミャンジュシ

京畿道

龍仁市	용인시	ヨンインシ
坡州市	파주시	パジュシ
利川市	이천시	イチョンシ
金浦市	김포시	キムポシ
楊平郡	양평군	ヤンピョングン
加平郡	가평군	カピョングン

京畿道

春川市 （道庁所在地）	춘천시	チュンチョンシ
原州市	원주시	ウォンジュシ
江陵市	강릉시	カンヌンシ
平昌郡	평창군	ピョンチャングン

江原道

忠清北道	清州市 （道庁所在地）	청주시 チョンジュシ	全羅南道	麗水市	여수시 ヨスシ	
	忠州市	충주시 チュンジュシ		務安郡 （道庁所在地）	무안군 ムアングン	
忠清南道	天安市	천안시 チョナンシ	慶尚北道	安東市 （道庁所在地）	안동시 アンドンシ	
	公州市	공주시 コンジュシ		浦項市	포항시 ポハンシ	
	牙山市	아산시 アサンシ		亀尾市	구미시 クミシ	
	洪城郡 （道庁所在地）	홍성군 ホンソングン		慶山市	경산시 キョンサンシ	
全羅北道	全州市 （道庁所在地）	전주시 チョンジュシ	慶尚南道	昌原市 （道庁所在地）	창원시 チャンウォンシ	
	群山市	군산시 クンサンシ		晋州市	진주시 シンジュシ	
	益山市	익산시 イクサンシ		金海市	김해시 キメシ	
	鎮安郡	진안군 チナングン		梁山市	양산시 ヤンサンシ	

● 移動

機内

飛行機	비행기 ピヘンギ	機長	기장 キジャン
航空機	항공기 ハンゴンギ	乗客	승객 スンゲク
機内	기내 キネ	乗客の皆さん	승객 여러분 スンゲン ニョロブン

승객と여러분 (ヨロブン) の間にㄴが挿入 (p.28)、さらに鼻音化で [승갱녀러분 (スンゲン ニョロブン)] と発音。

離陸	이륙 イリュク		
着陸	착륙 チャンニュク	飛行時間	비행 시간 ピヘン シガン
		到着時刻	도착 시각 トチャク シガク

パッチムㄱと次の子音ㄹが鼻音化し [창뉵 (チャンニュク)] と発音します。

機内放送	기내 방송 キネ バンソン	現地時刻	현지 시각 ヒョンジ シガク
客室乗務員	객실승무원 ケクシルスンムウォン	エコノミークラス	이코노미석 イコノミソク
パイロット	조종사 チョジョンサ	ビジネスクラス	비즈니스석 ピジニスソク

日本語	한국어 (読み)
ファースト クラス	일등석 (イルトゥンソク)

漢字で書くと「一等席」。語中の等は習慣的に濁らず［일동석（イルトゥンソク）］と発音します。

日本語	한국어 (読み)
窓側	창측 (チャンチュク)
通路側	통로측 (トンノチュク)
（荷物を入れる）棚	선반 (ソンバン)
シートベルト	안전벨트 (アンジョンベルトゥ)
着用	착용 (チャギョン)
リクライニング	좌석 젖히기 (チャソク チョチギ)
座席のテーブル	좌석 테이블 (チャソク テイブル)
機内食	기내식 (キネシク)

日本語	한국어 (読み)
機内誌	기내지 (キネジ)
毛布	담요 (タムニョ)

담と요の間にㄴが挿入され（p.28）［담뇨（タムニョ）］と発音します。

日本語	한국어 (読み)
入国申告書	입국 신고서 (イプクッ シンゴソ)
税関申告書	세관 신고서 (セグァン シンゴソ)
乗り継ぎ便	연결편 (ヨンギョルピョン)
乱気流	난기류 (ナンギリュ)
揺れ	요동 (ヨドン)
救命胴衣	구명조끼 (クミョンジョッキ)
酸素マスク	산소마스크 (サンソマスク)

 空港

空港	공항 コンハン	格安航空 会社（LCC）	저가 항공사 チョガ　ハンゴンサ
国際線	국제선 クッチェソン	出発	출발 チュルバル
国内線	국내선 クンネソン	到着	도착 トチャク
	子音ㄴの前のパッチムㄱが 鼻音化し［국내선（クンネソン）］と 発音します。	旅客 ターミナル	여객 터미널 ヨゲゥ　トミノル
航空会社	항공사 ハンゴンサ	搭乗手続き	탑승 수속 タプスン　スソゥ
大韓航空	대한항공 テハナンゴン	空港施設 使用料	공항시설 사용료 コンハンシソル サヨンニョ
アシアナ 航空	아시아나항공 アシアナハンゴン	パスポート	여권 ヨックォン
日本 エアシステム	일본 에어시스템 イルボン エオシステム		여권（パスポート）は漢字で書くと 「旅券」。語中の권は習慣的に濁らず ［여권（ヨックォン）］と発音します。
日本航空	일본항공 イルボナンゴン	搭乗券	탑승권 タプスンクォン

搭乗時間	탑승 시간 タプスン　シガン	入国審査	입국 심사 イブックク　シムサ
搭乗口	탑승구 タプスング	税関	세관 セグァン
手荷物 カウンター	수화물 카운터 スハムル　カウント	検疫	검역 コミョク
ボディー チェック	보안 검색 ボアン　ゴムセク	搭乗ゲート	탑승 게이트 タプスン　ゲイトゥ
金属探知機	금속 탐지기 クムソク　タムジギ	両替	환전 ファンジョン
機内 持ち込み	기내 반입 キネ　バニブ	免税店	면세점 ミョンセジョム
持ち込み 制限	반입 제한 バニブ　ジェハン	運航 スケジュール	운항 스케줄 ウナン　スケジュル
刃物	날붙이 ナルブチ	運航情報	운항 정보 ウナン　ジョンボ
爆発物	폭발물 ポクバルムル	欠航	결항 キョラン
危険物	위험물 ウォホムムル	遅延	지연 チヨン

フェリー

海運	해운 ヘウン	連絡船	연락선 ヨルラクソン

> ㄹの前のパッチムㄴが側音化して
> ［열락썬（ヨルラクソン）］と
> 発音します。

海上交通	해상 교통 ヘサン ギョトン		
船	배 ペ	遊覧船	유람선 ユラムソン
フェリー	페리 ペリ	港	항구 ハング
カーフェリー	카페리 カペリ	釜山港	부산항 プサナン
船舶	선박 ソンバク	下関港	시모노세키항 シモノセキハン
旅客船	여객선 ヨゲクソン	博多港	하카타항 ハカタハン
貨物船	화물선 ファムルソン	漁港	어항 オハン
帆船	범선 ポムソン	埠頭	부두 プドゥ

乗船券	승선권 スンソンクォン	航海士	항해사 ハンヘサ
乗船	승선 スンソン	船員	선원 ソヌォン
出航	출항 チュラン	甲板	갑판 カッパン
船酔い	뱃멀미 ペンモルミ	ブリッジ	함교 ハムギョ

> ㅁの前のパッチムㅅ
> (発音は [t]) が鼻音化して
> [밴멀미 (ペンモルミ)] と発音します。

		船室	선실 ソンシル
入港	입항 イパン	舵	키 キ
上陸	상륙 サンニュク	<ruby>錨<rt>いかり</rt></ruby>	닻/앵커 タッ　エンコ

> 상のパッチムㅇの次の子音
> ㄹが鼻音化して
> [상뉵 (サンニュク)] と発音します。

		羅針盤	나침반 ナチムバン
停泊	정박 チョンバク	航路	항로 ハンノ
船長	선장 ソンジャン		

> パッチムㅇの次の子音ㄹが
> 鼻音化して [항노 (ハンノ)] と
> 発音します。

● 移動

タクシー・バス

タクシー	**택시** テクシ	運転手	**운전기사** ウンジョンギサ
一般タクシー	**일반 택시** イルバン テクシ	メーター	**미터기** ミトギ
模範タクシー	**모범 택시** モボム テクシ	基本料金	**기본요금** キボンニョグム
大型タクシー	**대형 택시** テヒョン テクシ		기본と요금の間にㄴが挿入され (p.28)［기본뇨금（キボンニョグム）］ と発音します。
コールタクシー	**콜 택시** コル テクシ	空車	**빈 차** ピン チャ
インターナショナルタクシー	**인터내셔널 택시** イントネショノル テクシ	助手席	**조수석** チョスソク
タクシー乗り場	**택시 타는 곳** テクシ タヌン ゴッ	トランク	**트렁크** トゥロンク

● 韓国のタクシーの種類

　少し料金が高い模範タクシーは、車体が若干大きく、安全なサービスを提供します。大型タクシーは8人乗りや9人乗りなどがあります。コールタクシーは電話で予約し、インターナショナルタクシーの運転手には、車両側面に書かれた外国語（英語、中国語、日本語など）が通じます。

バス	버스 ポス	観光バス	관광버스 クァングァンボス
市内バス	시내버스 シネボス	路線図	노선도 ノソンド
広域バス	광역 버스 クァンヨク ポス	バス停	정류장 チョンニュジャン
幹線バス	간선 버스 カンソン ボス	降車ボタン	하차벨 ハチャベル
支線バス	지선 버스 チソン ボス	運転席	운전석 ウンジョンソク
循環バス	순환 버스 スヌァン ボス	座席	좌석 チャソク
空港バス	공항버스 コンハンボス	優先席	노약자석 ノヤクチャソク
高速バス	고속버스 コソクボス	ひじ掛け	팔걸이 パルゴリ

●韓国のバスの種類

広域バスは赤いバスで、ソウルと近郊都市を急行で結びます。幹線バスは青いバスで、市内を長距離運行し、支線バスは緑のバスで、幹線バスと地下鉄の駅を結びます。循環バスは黄色いバスで、短距離循環運行しています。

電車・地下鉄

電車	전철 チョンチョル
地下鉄	지하철 チハチョル
駅	역 ヨク
韓国高速鉄道（KTX）	한국고속철도 ハングッコソクチョルト

> 最後の도が習慣的に濁らず
> 濃音化して
> ［철또（チョルト）］と発音します。

京釜線 （ソウル⇔釜山）	경부선 キョンブソン
湖南線 （大田⇔木浦）	호남선 ホナムソン
特室	특실 トゥクシル
一般室	일반실 イルバンシル

各駅停車	완행 ワネン
急行	급행 クペン
特急	특급 トゥックプ
始発電車	첫차 チョッチャ
終電	막차 マクチャ
始発駅	시발역 シバルリョク

> 시발と역の間にㄴが挿入され
> （p.28）、ㄴが側音化して［시발력
> （シバルリョク）］と発音します。

終点	종점 チョンチョム
行先	행선지 ヘンソンジ

ソウル駅	**서울역** ソウルリョク	線路	**선로** ソルロ

서울と역の間にㄴが挿入され（p.28）、ㄴが側音化して［서울력（ソウルリョク）］と発音します。

		改札	**개찰** ケチャル
釜山駅	**부산역** プサンニョク	ホーム	**승강장** スンガンジャン

부산と역の間にㄴが挿入され（p.28）、［부산녁（プサンニョク）］と発音します。

		切符売り場	**매표소** メピョソ
駅員	**역무원** ヨンムウォン	駅構内	**역 구내** ヨク　クネ

ㅁの前のパッチムㄱが鼻音化して［영무원（ヨンムウォン）］と発音します。

		乗り換え	**환승** ファンスン
車掌	**승무원** スンムウォン	切符	**표** ピョ
車両	**차량** チャリャン	時刻表	**시간표** シガンピョ
つり革	**손잡이** ソンジャビ	ICカード	**교통 카드** キョトン　カドゥ
網棚	**선반** ソンバン	チャージ	**충전** チュンジョン

街にあるもの

道	길 キル	地下道	지하도 チハド
車道	차도 チャド	道端	길가 キルカ
歩道	인도 インド	階段	계단 ケダン
路地	골목 コルモク	入口	입구 イプク
裏道	뒷골목 トゥイッコルモク	出口	출구 チュルグ
坂道	언덕길 オンドゥキル	大通り	큰길 クンギル
近道	지름길 チルムキル	横断歩道	횡단보도 フェンダンボド
抜け道	샛길 セッキル	歩道橋	육교 ユクキョ
夜道	밤길 パムキル	踏切	건널목 コンノルモク

橋	다리 タリ	街灯	가로등 カロドゥン
公衆電話	공중전화 コンジュンジョヌァ	街路樹	가로수 カロス
電柱	전봇대 チョンボッテ	自動販売機	자판기 チャパンギ
電線	전선 チョンソン	空き缶	빈 깡통 ピン カントン
住宅街	주택가 チュテッカ	くずかご	쓰레기통 ッスレギトン
商店街	상점가 サンジョムガ	喫煙所	흡연소 フビョンソ
地下商店街	지하상가 チハサンガ	ベンチ	벤치 ペンチ
繁華街	번화가 ポヌァガ	花壇	화단 ファダン
ネオン	네온 ネオン	公衆トイレ	공중화장실 コンジュンファジャンシル
チラシ配り	전단지 배포 ションダンジ ベポ	どぶ	하수구 ハスグ

乗り物・運転

乗り物	탈것 タルコッ	ドライブ	드라이브 トゥライブ
乗用車	승용차 スンヨンチャ	運転	운전 ウンジョン
車	차 チャ	交差点	네거리 ネゴリ
レンタカー	렌터카 レントカ	信号	신호등 シノドゥン
トラック	트럭 トゥロク	青信号	파란불 パランブル
小型トラック	용달차 ヨンダルチャ	黄信号	노란불 ノランブル
オートバイ	오토바이 オトバイ	赤信号	빨간불 ッパルガンブル
自転車	자전거 チャジョンゴ	歩行者	보행자 ポヘンジャ
電動自転車	전동 자전거 チョンドン ジャジョンゴ	ロータリー	로터리 ロトリ

ハンドル	핸들 ヘンドゥル	追い越し	앞지르기 アプチルギ
エンジン	엔진 エンジン	Uターン	유턴 ユトン
アクセル	액셀 エクセル	急カーブ	급커브 クプコブ
ブレーキ	브레이크 ブレイク	クラクション	경적 キョンジョク
急ブレーキ	급제동 クプチェドン	ガードレール	가드레일 カドゥレイル
ハザード ランプ	비상등 ピサンドゥン	ドライブ レコーダー	블랙박스 プルレクパクス
ワイパー	와이퍼 ワイポ	駐車場	주차장 チュチャジャン
ウィンカー	턴시그널 トンシグノル	交通違反	교통 위반 キョトン ウィバン
右折	우회전 ウフェジョン	違法駐車	불법 주차 プルボプ チュチャ
左折	좌회전 チャフェジョン	取り締まり	단속 タンソク

看板・標識

看板	간판 カンパン	警告	경고 キョンゴ
広告	광고 クァンゴ	危険	위험 ウィホム
垂れ幕	현수막 ヒョンスマク	禁止	금지 クムジ
掲示板	게시판 ケシパン	立入禁止	출입 금지 チュリプ クムジ
注意	주의 チュイ	通行禁止	통행금지 トンヘングムジ
取扱注意	취급 주의 チュイグプ チュイ	撮影禁止	촬용 금지 チャリョン グムジ
歩行注意	보행 주의 ポヘン ジュイ	駐車禁止	주차 금지 チュチャ グムジ
スリップ注意	미끄럼 주의 ミックロム ジュイ	横断禁止	횡단 금지 フェンダン グムジ
猛犬注意	맹견 주의 メンギョン ジュイ	持ち込み 禁止	반입 금지 パニプ クムジ

非常口	비상구 ピサング	道路標識	교통 표지판 キョトン　ピョジパン
避難所	대피소 テピソ	一方通行	일방통행 イルバントンヘン
消火器	소화기 ソファギ	一時停止	일시 정지 イルシ　ジョンジ
工事中	공사중 コンサジュン	止まれ	정지 チョンジ
頭上注意	머리조심 モリジョシム	徐行	천천히 チョンチョニ
足元注意	발조심 パルジョシム	防犯カメラ 録画中	CCTV녹화중 シシティビノクァジュン
手元注意 （危険）	손조심 ソンジョシム	引く(pull)	당기세요 タンギセヨ
火気厳禁	화기 엄금 ファギ　オムグム	押す(push)	미세요 ミセヨ
禁煙エリア	금연 구역 クミョン　グヨク	触るな	손대지 마세요 ソンデジ　マセヨ
喫煙場所	흡연 장소 フビョン　ジャンソ	もたれるな	기대지 마세요 キデジ　マセヨ

●町なか
ランドマーク

ビル	**빌딩** ビルディン	建物	**건물** コンムル
高層ビル	**고층 빌딩** コチュン ビルディン	市役所	**시청** シチョン
摩天楼	**마천루** マチョルル	区役所	**구청** クチョン

> ㄹの前のパッチムㄴが
> 側音化し[마철루（マチョルル）]と
> 発音します。

		役所	**관공청** クァンゴンチョン
Nソウル タワー	**N서울타워** エンソウルタウォ	公民館	**마을 회관** マウル フェグァン
ロッテ ワールド タワー	**롯데월드타워** ロッテウォルドゥタウォ	文化会館	**문화 회관** ムヌァ フェグァン
ポスコタワー	**포스코타워** ポスコタウォ	議員会館	**의원 회관** ウィウォン フェグァン

●韓国のタワーいろいろ

　ソウルの中心部にあるNソウルタワーは、かつての南山タワー（**남산타워** ナムサンタウォ）がリニューアルしたもので、街を360度見渡せます。ソウル南東部のロッテワールドタワーは高さ約555mの超高層ビルです。ポスコタワーは仁川の海沿いにあります。

国会議事堂	국회 의사당 ククェ ウィサダン	科学館	과학관 クァハックァン
裁判所	법원 ポブォン	図書館	도서관 トソグァン
記念館	기념관 キニョムグァン	学校	학교 ハッキョ
博物館	박물관 パンムルグァン	講堂	강당 カンダン

ㅁの前のパッチムㄱが
鼻音化し[방물관（パンムルグァン）]
と発音します。

美術館	미술관 ミスルグァン	体育館	체육관 チェユックァン
植物園	식물원 シンムルォン	運動場	운동장 ウンドンジャン

ㅁの前のパッチムㄱが
鼻音化し[싱무뤈（シンムルォン）]
と発音します。

動物園	동물원 トンムルォン	競技場	경기장 キョンギジャン
		プール	수영장 スヨンジャン
		スキー場	스키장 スキジャン
水族館	수족관 スジョックァン	ゴルフ場	골프장 コルプジャン

病院	병원 ピョンウォン	工場	공장 コンジャン
警察署	경찰서 キョンチャルソ	煙突	굴뚝 クルトゥク
消防署	소방서 ソバンソ	発電所	발전소 パルチョンソ
税務署	세무서 セムソ		전は習慣的に濁らず[**발쩐소** （パルチョンソ）]と発音します。
保健所	보건소 ポゴンソ	灯台	등대 トゥンデ
銀行	은행 ウネン	展望台	전망대 チョンマンデ
郵便局	우체국 ウチェグク	教会	교회 キョフェ
ガソリン スタンド	주유소 チュユソ	寺	절 チョル
空地	공터 コント	モスク	모스크/성원 モスク　ソンウォン
鉄塔	철탑 チョルタプ		モスクは外来語をそのまま ハングルで表したもの。 성원は漢字で書くと「聖院」です。

待ち合わせ場所	약속 장소 ヤクソク チャンソ	書店	서점 ソジョム
駅前広場	역전 광장 ヨクチョン グァンジャン	映画館	극장 クッチャン

映画館は영화관(ヨンファグァン)ともいいますが、この극장のほうが一般的です。

改札口	개찰구 ケチャルグ		
時計台	시계탑 シゲタプ	劇場	연극장 ヨングッチャン
噴水	분수대 プンスデ	食堂	식당 シクタン
公園	공원 コンウォン	レストラン	레스토랑 レストラン
カフェ	카페 カペ	デパート	백화점 ペクァジョム
ネットカフェ	피시방 ピシバン	市場	시장 シジャン
コンビニ	편의점 ピョニジョム	ショッピングセンター	쇼핑센터 ショピンセント
		スーパーマーケット	슈퍼마켓 シュポマケッ

편의점は漢字で「便宜店」。語中の의は習慣的に[i(イ)]と読むので[펴니점(ピョニジョム)]と発音します。

● 宿泊

ホテル

宿泊	숙박 スクパク	ユース ホステル	유스호스텔 ユスホステル
ホテル	호텔 ホテル	ペンション	펜션 ペンション
ビジネス ホテル	비즈니스호텔 ピジニスホテル	カプセル ホテル	캡슐 호텔 ケプシュル ホテル
韓屋ホテル	한옥 호텔 ハノク ホテル	観光ホテル	관광호텔 クァングァンホテル
旅館	여관 ヨグァン	リゾート ホテル	리조트 リジョトゥ
モーテル	모텔 モテル	高級ホテル	고급 호텔 コグブ ホテル
ホステル	호스텔 ホステル	5つ星ホテル	5성급 호텔 オソングブ ホテル

● 「韓屋」とは

　韓国の伝統的な建築スタイルの家屋のことを「韓屋」といい、伝統文化にふれることができる宿泊施設としても人気があります。冬は韓国式の床暖房オンドルで暖かく、夏は板の間で涼しく、快適に過ごすことができます。自然の材料を活かした美しい構造も魅力的です。

ゲストハウス	게스트하우스 ケストゥハウス		満室	만실 マンシル
コンドミニアム	콘도 コンド		キャンセル	취소 チュイソ
	콘도미니엄（コンドミニオム）を 縮訳した表現です。		変更	변경 ピョンギョン
レジデンス	레지던스 レジドンス		宿泊延長	숙박 연장 スクパンニョンジャン
ホームステイ	홈스테이 ホムステイ			숙박と연장の間にㄴが挿入され （p.28）、鼻音化して［숙빵 년장（スク パンニョンジャン）］と発音します。
民泊	민박 ミンバク		連泊	연박 ヨンバク
予約	예약 イェヤク		チェックイン	체크인 チェクイン
予約日数	예약 일수 イェヤンニルス		チェックアウト	체크아웃 チェクアウッ
	예약と일수の間にㄴが挿入され （p.28）、鼻音化して［예양 닐쑤 （イェヤンニルス）］と発音します。		宿泊費	숙박비 スクパクピ
空室	빈방 ピンバン		サービス料	서비스료 ソビスリョ

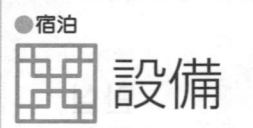

●宿泊

設備

シングル	싱글 シングル	バスローブ	바스로브 パスロブ
ツイン	트윈 トゥウィン	スリッパ	슬리퍼 スルリポ
ダブル	더블 トブル	ドライヤー	드라이어 トゥライオ
客室	객실 ケクシル	マッサージチェア	안마 의자 アンマウィジャ
部屋の鍵	방 열쇠 パン ヨルスェ	ケーブルテレビ	케이블TV ケイブルティビ
カードキー	카드 키 カド キ	電気ポット	전기 포트 チョンギ ポトゥ
バスルーム	개인 욕실 ケイン ヨクシル	ミニバー	미니 바 ミニ バ
		携帯充電器	휴대폰 충전기 ヒュデポン チュンジョンギ
バスタオル	목욕 수건 モギョク スゴン	金庫	금고 クムゴ

> 개인 욕실は漢字で書くと「個人浴室」です。

冷房	냉방 ネンバン	ラウンジ カフェ	라운지 카페 ラウンジ　カペ
暖房	난방 ナンバン	バー	바 パ
オンドル (床暖房)	온돌 オンドル	会議室	회의실 フェイシル

> 語中の의は習慣的に [i(イ)] と読むので
> [회이실（フェイシル）] と発音します。

フロント	프론트 プロントゥ		
ロビー	로비 ロビ	カジノ	카지노 カジノ
ラウンジ	라운지 ラウンジ	フィットネス ルーム	피트니스 룸 ピトゥニス　ルム
売店	매점 メジョム	室内プール	실내 수영장 シルレ　スヨンジャン
多目的トイレ	다목적 화장실 タモクチョク ファジャンシル	スパ	스파 スパ
授乳室	널싱 룸 ノルシン　ルム	結婚式場	결혼식장 キョロンシクチャン

> 널싱 룸は英語で「Nursing
> Room」。「ベビー休憩室」「おむつ
> 替え室」などの意味もあります。

宴会場	연회장 ヨネジャン

 サービス

支配人	지배인 チベイン	周辺ガイド	주변 가이드 チュビョン ガイドゥ
ホテリエ （ホテルスタッフ）	호텔리어 ホテルリオ	ウェルカム ドリンク	웰컴 드링크 ウェルコム ドゥリンク
コンシェルジュ	컨시어지 コンシオジ	ルーム サービス	룸 서비스 ルム ソビス
ポーター	포터 ポト	モーニング コール	모닝콜 モニンコル
ボーイ	보이 ポイ	外貨両替	외환 교환 ウェファン ギョファン
客室係	룸 메이드 ルム メイドゥ	貴重品 預かり	귀중품 보관 クィジュンブム ボグァン
多言語対応 スタッフ	다국어 가능 직원 タグゴ カヌン ジグォン	荷物預かり	짐 맡기기 チム マッキギ
空港 シャトルバス	공항 셔틀버스 コンハン ショトゥルボス	配送	짐 배송 チム ベソン
駐車サービス	주차 서비스 チュチャ ソビス	受け取り	짐 받음 チム バドゥム

コピー	복사 ポクサ	変圧器	변압기 ピョナプキ
ファクス	팩스 ペクス	変換プラグ	변환 플러그 ピョヌァン プルログ
無線LAN	무선 랜 ムソン レン	傘貸出	우산 대여 ウサン デヨ
無料Wi-Fi	무료Wi-Fi ムリョ ワイパイ	乗合車貸出	승합차 대여 スンハプチャ デヨ
部屋の掃除	방 청소 パン チョンソ	靴磨き	구두 닦이 クドゥ ダッキ
クリーニング	세탁 서비스 セタク ソビス	マッサージ	마사지 マサジ
アイロン	다리미 タリミ	託児 サービス	탁아 서비스 タガ ソビス
洗濯乾燥機	세탁 건조기 セタク コンジョギ	布団追加	추가 이불 チュガ イブル
加湿器	가습기 カスプキ	エキストラ ベッド	보조 침대 ポジョ チムデ
空気清浄機	공기 청정기 コンギ チョンジョンギ	アメニティ	어메니티 オメニティ

　「ホテル」＝호텔（ホテル）、「オートバイ」＝오토바이（オトバイ）など、英語由来の単語は、韓国語を読めばそのまま意味が分かるので便利です。でも、英語の発音も韓国式と日本式でずれがあるので、次の韓国式のルールを当てはめてみてください。

●a→ㅐ[e]に

candy（キャンディ）＝캔디　taxi（タクシー）＝택시
　　　　　　（ケンディ）　　　　　　　（テクシ）

●er→ㅓ[ō]に

printer（プリンター）＝프린터　super（スーパー）＝슈퍼
　　　　　　　（プリント）　　　　　　　　（シュポ）

●f→ㅍ[pʰ]に

file（ファイル）＝파일　ferry（フェリー）＝페리
　　　　　（パイル）　　　　　　　（ペリ）

●ng→パッチムㅇ[ng]に

song（ソング）＝송　shopping（ショッピング）＝쇼핑
　　　　　（ソン）　　　　　　　　　　（ショッピン）

●語末のt→パッチムㅅ[t]に ※ㅅ[s]はパッチムで[t]の音になります。

out（アウト）＝아웃　internet（インターネット）＝인터넷
　　　（アウッ）　　　　　　　　　　　（イントネッ）

　ただし、これらはおおまかなルールで、表記にはゆれがあります。例えばreport（レポート）はtで終わっても、리웃（リポッ）とならず리포트（リポトゥ）ですし、cut（カット）は컷（コッ）と커트（コトゥ）の両方が使われています。

第 **4** 章

飲む・食べる

●飲食店

カフェ

カフェ	**카페** カペ		エスプレッソ	**에스프레소** エスプレソ
コーヒー	**커피** コピ		ウィンナ コーヒー	**비엔나 커피** ピエンナ コピ
コーヒー豆	**커피콩** コピコン		ヘーゼル ナッツコーヒー	**헤이즐넛 커피** ヘイジュルノッ コピ
ドリップ コーヒー	**드립커피** トゥリプコピ		キャラメル マキアート	**카라멜 마키아또** カラメル マキアット
アイス コーヒー	**아이스커피** アイスコピ		水出し コーヒー	**더치커피** トチコピ
アメリカン	**아메리카노** アメリカノ		英語の「Dutch coffee」をハングルで表したもの。「オランダのコーヒー」という意味です。	
カプチーノ	**카푸치노** カプチノ		フラペチーノ	**프라푸치노** プラプチノ
カフェラテ	**카페라떼** カペラッテ		ミネラル ウォーター	**생수** センス
カフェモカ	**카페모카** カペモカ		炭酸水	**탄산수** タンサンス

130

紅茶	홍차 ホンチャ	伝統茶	전통차 チョントンチャ	
アイスティー	아이스티 アイスティ	ゆず茶	유자차 ユジャチャ	
ミルクティー	밀크티 ミルクティ	ナツメ茶	대추차 テチュチャ	
ハニー レモンティー	허니 레몬티 ホニ　レモンティ	しょうが茶	생강차 センガンチャ	
ハーブティー	허브 차 ホブ　チャ	五味子茶	오미자차 オミジャチャ	
アールグレイ	얼그레이 オルグレイ	シナモン茶	계피차 ケピチャ	
ダージリン	다즐링 タジュルリン	人参茶	인삼차 インサムチャ	
カモミール	캐모마일 ケモマイル	水正果	수정과 スジョングァ	

● 韓国のお茶

　韓国では果物や漢方を使った体によい伝統茶が親しまれています。「五味子茶」は、その名のとおり5つの味（甘・酸・塩・苦・辛）が含まれ、その日の体調によって感じる味が変わるというお茶。「水正果」はしょうがとシナモンが香る甘くて冷たい飲み物で、松の実を浮かべていただきます。

スイーツ・屋台

洋菓子	양과자 ヤングァジャ	アイスクリーム	아이스크림 アイスクリム
ケーキ	케이크 ケイク	シャーベット	샤베트 シャベトゥ
シュークリーム	슈크림 シュクリム	プリン	푸딩 プディン
アップルパイ	애플파이 エプルパイ	ゼリー	젤리 チェルリ
ホットケーキ （パンケーキ）	핫케이크 ハッケイク	クッキー	쿠키 クキ
ドーナツ	도너츠 トナチュ	キャラメル	캐러멜 ケロメル
マフィン	머핀 モピン	チョコレート	초콜릿 チョコルリッ
クレープ	크레이프 クレイプ	マカロン	마카롱 マカロン
パフェ	파르페 パルペ	ワッフル	와플 ワプル

ホットク	호떡 ホットゥ	クルミ菓子	호두과자 ホドゥグァジャ	
卵パン	계란빵 ケランパン	龍のひげ飴	꿀타래 ックルタレ	
トースト （ホットサンド）	토스트 トストゥ	焼き栗	군밤 クンバム	
ハリケーン ポテト	회오리감자 フェオリガムジャ	焼き芋	군고구마 クンゴグマ	
カルメ焼き	뽑기 ポプキ	牛乳揚げ	우유튀김 ウユトィギム	
綿あめ	솜사탕 ソムサタン	チュロス	츄러스 チュロス	
かき氷	팥빙수 パッピンス	たい焼き	붕어빵 ブンオッパン	

● 韓国の屋台グルメ①

　屋台グルメで定番メニューといえば「ホットク」と「卵パン」。「ホットク」はモチモチの生地の中に甘い餡が入った韓国版ホットケーキ。卵がまるごと1個入った「卵パン」も庶民の味として人気です。

　「トースト」は中に野菜や卵、ハムなどがたっぷり入ったホットサンド、「ハリケーンポテト」は竜巻状のフライドポテト、「龍のひげ飴」は、ゴマやクルミなどを白い糸状の飴で繭のようにくるんだもの、「牛乳揚げ」は固めた牛乳を揚げた台湾生まれのスイーツです。

●飲食店

屋台（飲み屋）

屋台 （飲み屋）	포장마차 ポジャンマチャ	焼き鳥	닭꼬치 タクコチ
トッポギ	떡볶이 ットッポッキ	豚足	족발 チョクパル
ラーメン入り トッポギ	라볶이 ラボッキ	味付け鶏足	닭발 タクパル
おでん	오뎅 オデン	鶏の砂肝	닭똥집 タクトンジブ
練り物	어묵 オムク		意味は「鶏の胃袋」。「鶏の砂袋」 の意味をもつ 닭모래집 （タクモレジブ）も使われます。
海苔巻揚げ	김말이 キムマリ	豚の骨付き 軟骨	오돌뼈 オドルピョ
唐揚げの 蜜かけ	닭강정 タッカンジョン	チヂミ	지짐이 チジミ
腸詰	순대 スンデ	ネギの チヂミ	파전 パジョン
かいこ 蚕のさなぎ	번데기 ポンデギ	緑豆の お焼き	빈대떡 ピンデットク

エイの刺身	홍어회 ホンオフェ	豆腐キムチ	두부김치 トゥブギムチ
生きダコ	산낙지 サンナクチ	ヌタウナギの炒め物	꼼장어 ッコムジャンオ
焼きサンマ	꽁치구이 ッコンチグイ	スンデ炒め	순대볶음 スンデボックム
焼きサワラ	삼치구이 サムチグイ	チャプチェ	잡채 チャプチェ
イカ焼き	오징어구이 オジンオグイ	卵焼き	달걀말이 タルギャルマリ
スルメ	오징어 オジンオ	ムール貝のスープ	홍합탕 ホンハプタン
カワハギの干物	쥐포 チュィポ	韓国式うどん	칼국수 カルグクス
スケトウダラ	명태 ミョンテ	鍋焼きうどん	냄비우동 ネムビウドン

●韓国の屋台グルメ②

　「トッポギ」とは棒状の餅に辛口のソースをからめた料理。「おでん」は日本のものとよく似ていますが、具材が串に刺してあり、食べ歩きに最適です。腸詰（スンデ）も屋台の定番メニュー。見た目に少々ひるむかもしれませんが、食べるとくせになるおいしさです。

ファストフード

ファストフード	패스트푸드 ペストゥプドゥ		フライド ポテト	후렌치 후라이 フレンチ　フライ
マクドナルド	맥도날드 メクトナルドゥ		ハッシュド ポテト	해시 브라운 ヘシ　ブラウン
ロッテリア	롯데리아 ロッテリア		オニオン リング	어니언링 オニオンリン
ハンバーガー	햄버거 ヘムボゴ		チキン ナゲット	치킨너겟 チキンノゲッ
チーズ バーガー	치즈버거 チズボゴ		フライド チキン	프라이드 치킨 プライドゥ　チキン
ダブル バーガー	더블버거 トブルボゴ		クリスピー チキン	크리스피 치킨 クリスピ　チキン
チーズベーコン バーガー	치즈베이컨버거 チズベイコンボゴ		コールスロー	코울슬로 コウルスルロ
チキン バーガー	치킨버거 チキンボゴ		コーンサラダ	콘샐러드 コンセルロドゥ
焼肉 バーガー	불고기버거 プルゴギボゴ		ドレッシング	드레싱 ドゥレシン

シェイク	**쉐이크** シェイク	シロップ	**시럽** シロフ
バニラ サンデー	**바닐라 선데이** パニルラ　ソンデイ	ミルク	**밀크** ミルク
コーラ	**콜라** コルラ	氷	**얼음** オルム
オレンジ ジュース	**오렌지주스** オレンジジュス	ストロー	**빨대** パルテ
ホットチョコ	**핫초코** ハッチョコ	ナプキン	**휴지** ヒュジ
タピオカティー	**버블티** ポブルティ	紙コップ	**종이컵** チョンイコフ
セットメニュー	**세트 메뉴** セトゥ　メニュ	マグカップ	**머그잔** モグジャン
ランチセット	**런치 세트** ロンチ　セトゥ	トレイ	**쟁반** チェンバン
テイクアウト	**테이크아웃** テイクアウッ	普通ごみ	**일반 쓰레기** イルバン　スレギ
セルフ サービス	**셀프서비스** セルプソビス	リサイクル	**재활용** チェファリョン

●飲食店

料理店・韓国料理

飲食店	음식점 ウムシクチョム	一杯飲み屋	대폿집 テポッチプ
食堂街	식당가 シクタンガ	飲み屋	술집 スルチプ
構内食堂	구내식당 クネシクタン	居酒屋	주점 チュジョム
焼肉店	고깃집 コギッチプ	料亭	요정 ヨジョン
中華料理店	중국집 チュングクチプ	酒の席	술자리 スルチャリ
和食店	일식당 イルシクタン	禁煙席	금연석 クミョンソク
焼き鳥屋	닭꼬치집 タクコチジプ	バイキング	뷔페 プィペ
弁当屋	도시락집 トシラクチプ	行きつけの店	단골집 タンゴルチプ
露店	노점 ノジョム	おいしい店	맛집 マッチプ

海苔巻き	김밥 キムパプ	わかめスープ	미역국 ミヨククク
おにぎり	삼각김밥 サムガクキムパプ	餃子のスープ	만두국 マンドゥグク

> 「おにぎり」は**주먹밥**（チュモクパプ）ですが、日本のおにぎりが韓国に渡り、**삼각（三角）김밥**の名で広まりました。

		餅のスープ （雑煮）	떡국 ットククク
五穀ご飯	오곡밥 オゴクパプ	カルビタン （カルビスープ）	갈비탕 カルビタン
キムチ チャーハン	김치볶음밥 キムチボックムパプ	ソルロンタン （牛のスープ）	설렁탕 ソルロンタン
石焼ビビンバ	돌솥비빔밥 トルソッピビムパプ	ユッケジャン （牛肉辛スープ）	육개장 ユッケジャン
山菜ビビンバ	산채비빔밥 サンチェビビムパプ	もやしスープ ご飯	콩나물국밥 コンナムルククパプ
イカ炒め丼	오징어덮밥 オジンオドプパプ	冷麺	냉면 ネンミョン
牛肉炒め丼	쇠고기덮밥 スェゴギドプパプ	汁なし冷麺 （混ぜ冷麺）	비빔냉면 ピビムネンミョン
アワビ粥	전복죽 チョンボクチュク	タッカンマリ （丸鶏の水炊き）	닭한마리 タカンマリ

キムチチゲ	김치찌개 キムチッチゲ	サンマの煮物	꽁치조림 ッコンチジョリム
味噌チゲ	된장찌개 トェンジャンチゲ	太刀魚の煮物	갈치조림 カルチジョリム
スンドゥブチゲ（純豆腐チゲ）	순두부찌개 スンドゥブッチゲ	牛カルビ煮込み	갈비찜 カルビッチム
プデチゲ（ソーセージ鍋）	부대찌개 プデッチゲ	鶏の煮込み	찜닭 ッチムダク
カムジャタン（ジャガイモ鍋）	감자탕 カムジャタン	茶わん蒸し	계란찜 ケランチム
コムタン（牛肉と内臓の鍋）	곰탕 コムタン	イカ野菜炒め	오징어볶음 オジンオボックム
魚卵鍋	알탕 アルタン	タコ炒め	낙지볶음 ナクチボックム
アンコウ鍋	아구탕 アグタン	豚肉炒め	제육볶음 チェユクポックム
キノコ鍋	버섯전골 ポソッチョンゴル	ゆで豚の野菜包み	보쌈 ポッサム
うどん煮込み鍋	국수전골 クックスジョンゴル	牛ゆで肉	수육 スユク

白菜キムチ	김치 キムチ	おかず	반찬 パンチャン
大根キムチ	깍두기 ッカクトゥギ	常備菜	밑반찬 ミッパンチャン
汁気のある 大根キムチ	동치미 トンチミ	ナムル	나물 ナムル
キュウリの キムチ	오이김치 オイギムチ	もやしの ナムル	콩나물무침 コンナムルムチム
水キムチ	물김치 ムルギムチ	どんぐりの 寒天	도토리묵 トトリムク
漬け物	지 チ	干しイシモチ	굴비 クルビ
浅漬け	겉절이 コッチョリ	白ご飯	공기밥 コンギバァ
醤油味の 漬け物	장아찌 チャンアッチ	お焦げ	누룽지 ヌルンジ

● 韓国の伝統料理「韓定食」

宮廷料理を基にした「韓定食（**한정식** ハンジョンシク）」は、韓国の伝統的なコース料理。前菜からデザートまで、20品目もの料理がテーブルに並び、さまざまな伝統料理を一度にたくさん楽しむことができます。栄養バランスがとれていて体によいのも魅力です。

●飲食店

 焼肉店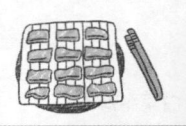

焼肉	불고기 プルゴギ	ヒレ	등심 トゥンシム
網焼き	석쇠불고기 ソクスェブルゴギ	ロース	안심 アンシム
カルビ	갈비 カルビ	肩ロース	목살 モクサル
味付きカルビ	양념갈비 ヤンニョムガルビ	霜降りロース	꽃등심 ッコットゥンシム
骨なしカルビ	갈비살 カルビサル	カルビの 内側の肉	제비추리 チェビチュリ
カルビ焼き	갈비구이 カルビグイ	薄切り牛 バラ肉	차돌박이 チャドルバギ
デジカルビ （豚カルビ）	돼지갈비 トェジガルビ	むね肉	가슴살 カスムサル
サムギョプサル （豚バラ焼肉）	삼겹살 サムギョプサル	タッカルビ （鶏の鉄板焼き）	닭갈비 タッカルビ
豚トロ焼肉	항정살 ハンジョンサル	揉みダレ 焼肉	주물럭 チュムルロク

142

牛タン	우설 ウソル	牛肉	쇠고기 スェゴギ
小腸	곱창 コプチャン	豚肉	돼지고기 トェジゴギ
胃袋	막창 マクチャン	鶏肉	닭고기 タクコギ
大腸	대창 テチャン	地鶏	토종닭 トジョンタク
ハツ	염통 ヨムトン	鶏皮	닭껍질 タクコプチル
センマイ	천엽 チョニョプ	手羽先	닭날개 タンナルゲ
ハラミ	안창살 アンチャンサル		
脂身	비계 ピゲ	紙エプロン	종이 앞치마 チョンイ アプチマ
干し肉	육포 ユクポ	トング	집게 チプケ
ユッケ	육회 ユケ	たれ	소스 ソス

닭は [닥 (タク)] と読み、次の子音 ㄴ の前のパッチム ㄱ が鼻音化して [당날개 (タンナルゲ)] と発音します。

和洋中華・酒類

和食	일식 イルシク	洋食	양식 ヤンシク
天ぷら	튀김 トィギム	カレーライス	카레라이스 カレライス
そば	메밀국수 メミルククス	オムライス	오무라이스 オムライス
うどん	우동 ウドン	シチュー	스튜 ステゥ
刺身	회 フェ	ハンバーグ	햄버그 ヘムボグ
寿司	초밥 チョバァ	コロッケ	고로케 コロケ
いなりずし	유부초밥 ユブチョバァ	サンドイッチ	샌드위치 センドゥウィチ
牛丼	소고기덮밥 ソゴギドゥバァ	スパゲッティ	스파게티 スパゲティ
味噌汁	된장국 トェンジャングゥ	ピザ	피자 ピジャ

餃子	만두 マンドゥ	酒	술 スル	
蒸し餃子	찐만두 ッチンマンドゥ	焼酎	소주 ソジュ	
焼き餃子	군만두 クンマンドゥ	チャミスル （焼酎の銘柄）	참이슬 チャミスル	
水餃子	물만두 ムルマンドゥ	マッコリ	막걸리 マクコルリ	
酢豚	탕수육 タンスユク	ビール	맥주 メクチュ	
八宝菜	팔보채 パルボチェ	生ビール	생맥주 センメクチュ	
チャーハン	볶음밥 ポックムバプ	百歳酒	백세주 ペクセジュ	
ラーメン	라면 ラミョン			
ジャジャン麺	짜장면 ッチャジャンミョン	洋酒 （ウィスキー）	양주 ヤンジュ	
濃い ジャジャン麺	간짜장 カンチャジャン	ワイン	와인 ワイン	

> 甘草やクコの実などのハーブと
> 米を発酵させた、すっきりした
> 味わいのお酒です。

●食材 野菜

野菜	야채 ヤチェ	ホウレン草	시금치 シグムチ
白菜	배추 ペチュ	豆モヤシ	콩나물 コンナムル
キャベツ	양배추 ヤンベチュ	キュウリ	오이 オイ
サンチュ	상추 サンチュ	ズッキーニ	애호박 エホバク
レタス	양상추 ヤンサンチュ	カボチャ	호박 ホバク
長ネギ	대파 テパ	ナス	가지 カジ
玉ネギ	양파 ヤンパ	ピーマン	피망 ピマン
ニラ	부추 プチュ	トマト	토마토 トマト
春菊	쑥갓 ッスクカッ	ミニトマト	방울토마토 パンウルトマト

大根	무 ム	山菜	산나물 サンナムル
ニンジン	당근 タングン	ワラビ	고사리 コサリ
ゴボウ	우엉 ウオン	セリ	미나리 ミナリ
レンコン	연근 ヨングン	エゴマの葉	깻잎 ッケンニプ
ジャガイモ	감자 カムジャ		
サツマイモ	고구마 コグマ	タケノコ	죽순 チュクスン
サトイモ	토란 トラン	シイタケ	표고버섯 ピョゴボソッ
ナガイモ	마 マ	ヒラタケ	느타리버섯 ヌタリボソッ
ブロッコリー	브로콜리 プロコルリ	マツタケ	송이버섯 ソンイボソッ
パセリ	파슬리 パスルリ	マッシュルーム	양송이버섯 ヤンソンイボソッ

間にㄴが挿入され（p.28）、ㄴの前の
バッチムㅅ（発音は[t]）が鼻音化して
［깬닙(ッケンニプ)］と発音します。

果物	과일 クァイル	リンゴ	사과 サグァ
イチゴ	딸기 ッタルギ	梨	배 ペ
サクランボ	체리 チェリ	ラ・フランス	서양배 ソヤンベ
バナナ	바나나 バナナ	柿	감 カム
ミカン	귤 キュル	ブドウ	포도 ポド
オレンジ	오렌지 オレンジ	パイナップル	파인애플 パイネプル
グレープフルーツ	자몽 チャモン	マンゴー	망고 マンゴ
レモン	레몬 レモン	パパイヤ	파파야 パパヤ
ゆず	유자 ユジャ	キウィ	키위 キウィ

メロン	**멜론** メルロン	干し柿	**곶감** コッカム	
スイカ	**수박** スパク	干しブドウ	**건포도** コンポド	
マクワウリ	**참외** チャムエ	ナツメ	**대추** テチュ	
桃	**복숭아** ポクスンア	松の実	**잣** チャッ	第**4**章
スモモ	**자두** チャドゥ	ヒマワリの種	**해바라기씨** ヘバラギッシ	飲む・食べる
アンズ	**살구** サルグ	栗	**밤** パム	
ザクロ	**석류** ソンニュ	銀杏 <small>ぎんなん</small>	**은행** ウネン	
ビワ	**비파** ピパ	クルミ	**호두** ホドゥ	
イチジク	**무화과** ムファグァ	ピーナッツ	**땅콩** ッタンコン	
		アーモンド	**아몬드** アモンドゥ	

> パッチム ㄱ と
> 次の子音の ㄹ が鼻音化して
> [성뉴（ソンニュ）] と発音します。

魚介類

魚介類	어패류 オペリュ	イシモチ	조기 チョギ
魚	생선 センソン	タイ	도미 トミ
マグロ	다랑어 タランオ	タラ	대구 テグ
カツオ	가다랑어 カダランオ	スケトウダラ	명태 ミョンテ
サケ	연어 ヨノ	エイ	가오리 カオリ
サンマ	꽁치 ッコンチ	カレイ	가자미 カジャミ
サバ	고등어 コドゥンオ	ヒラメ	광어 クァンオ
アジ	전갱이 チョンゲンイ	フグ	복어 ポゴ
太刀魚	갈치 カルチ	アンコウ	아귀 アグィ

ウナギ	장어 チャンオ	貝	조개 チョゲ	
ドジョウ	미꾸라지 ミックラジ	ホタテ	가리비 カリビ	
ナマコ	해삼 ヘサム	ハマグリ	대합 テハプ	
カニ	게 ケ	牡蠣 かき	굴 クル	
ワタリガニ	꽃게 ッコッケ	マテ貝	맛조개 マッチョゲ	
タラバガニ	왕게 ワンゲ	ホヤ	멍게 モンゲ	
エビ	새우 セウ	アサリ	바지락 パジラク	
マダコ	낙지 ナクチ	サザエ	소라 ソラ	
ミズダコ	문어 ムノ	ウニ	성게 ソンゲ	
イカ	오징어 オジンオ	ムール貝	홍합 ホンハプ	

●食材
穀物・豆・乳製品

穀物	**곡식** コクシク	大麦	**보리** ポリ
米	**쌀** ッサル	小麦	**밀** ミル
玄米	**현미** ヒョンミ	小麦粉	**밀가루** ミルカル
うるち米	**멥쌀** メプサル		가は習慣的に濁らず [밀까루(ミルカル)]と発音します。
もち米	**찹쌀** チャプサル	パン	**빵** パン
餅	**떡** ットク	シリアル	**시리얼** シリオル
棒状の餅	**흰떡** ヒントク	トウモロコシ	**옥수수** オクスス

●お盆に食べる餅

　韓国のお盆、旧暦8月15日の秋夕（**추석** チュソク）に欠かせない食べ物が松餅（**송편** ソンピョン）です。かわいい半月形の餅の中にはゴマや栗、小豆などで作った餡が入っています。松餅を上手に作ると、かわいい女の子が生まれるといわれています。

豆	콩 コン	ひよこ豆	병아리콩 ピョンアリコン	
大豆	대두 テドゥ	レンズ豆	렌즈콩 レンジュコン	
インゲン豆	강낭콩 カンナンコン	きな粉	콩가루 コンカル	
黒豆	검은콩 コムンコン	豆乳	두유 トゥユ	
ソラマメ	누에콩 ヌエコン	乳製品	유제품 ユジェブム	
緑豆	녹두 ノクトゥ	牛乳	우유 ウユ	
エンドウ豆	완두콩 ワンドゥコン	チーズ	치즈 チジュ	
白豆	흰콩 ヒンコン	ヨーグルト	요구르트 ヨグルトゥ	
小豆	팥 パッ	バター	버터 ポト	
枝豆	풋콩 プッコン	マーガリン	마가린 マガリン	

● 調理

調味料

調味料	**조미료** チョミリョ	食用油	**식용유** シギョンニュ
塩	**소금** ソグム	용と유の間にㄴが挿入されて (p.28)［시공뉴（シギョンニュ）］と 発音します。	
こしょう	**후추** フチュ	ゴマ油	**참기름** チャムギルム
ゴマ塩	**깨소금** ッケソグム	オリーブ オイル	**올리브유** オルリブユ
砂糖	**설탕** ソルタン	酢	**식초** シクチョ
醤油	**간장** カンジャン	みりん	**미림** ミリム
濃口醤油	**진간장** チンガンジャン	味噌	**된장** トェンジャン
醸造醤油	**양조간장** ヤンジョガンジャン	唐辛子味噌	**고추장** コチュジャン
薄口醤油	**국간장** ックカンジャン	酢入り コチュジャン	**초장** チョジャン

唐辛子	고추 コチュ	かつお節	가다랑어포 カダランオポ
唐辛子粉	고춧가루 コチュッカル	昆布	다시마 タシマ
わさび	고추냉이 コチュネンイ	煮干し	멸치 ミョルチ
からし	겨자 キョジャ	だし汁	육수 ユクス
ニンニク	마늘 マヌル	合わせ 調味料	양념 ヤンニョム
しょうが	생강 センガン		唐辛子粉、ゴマ油、すりゴマ、砂糖、ニンニク、しょうがなどを混ぜたもの。焼肉の下味や、ナムル、キムチ作りにも使います。
ゴマ	참깨 チャムケ	はちみつ	꿀 ックル
さんしょう 山椒	산초 サンチョ	シナモン	계피 ケピ
塩辛	젓갈 チョッカル	マヨネーズ	마요네즈 マヨネジュ
香辛料	향신료 ヒャンシンニョ	ケチャップ	케첩 ケチャプ

●調理

調理法

切る	자르다 チャルダ	ゆでる	삶다 サムタ
└ 切ります	잘라요 チャルラヨ	└ ゆでます	삶아요 サルマヨ
(皮を)むく	벗기다 ポッキダ	沸かす	끓이다 ックリダ
└ むきます	벗겨요 ポッキョヨ	└ 沸かします	끓여요 ックリョヨ
みじん切りにする	다지다 タジダ	焼く	굽다 クプタ
└ みじん切りにします	다져요 タジョヨ	└ 焼きます	구워요 クウォヨ
刻む	썰다 ッソルダ	煮る	조리다 チョリダ
└ 刻みます	썰어요 ッソロヨ	└ 煮ます	조려요 チョリョヨ

●料理名で何の料理かがわかる　料理名に조림(チョリム)が付いているのは煮物で、볶음(ポックム)が付いているのは炒め物です。

炒める	볶다 ポクタ	漬ける	담그다 タムグダ
└炒めます	볶아요 ポッカヨ	└漬けます	담가요 タムガヨ
揚げる	튀기다 トィギダ	あえる	무치다 ムチダ
└揚げます	튀겨요 トィギョヨ	└あえます	무쳐요 ムチョヨ
火を通す	익히다 イキダ	こねる	반죽하다 パンジュカダ
└火を通します	익혀요 イキョヨ	└こねます	반죽해요 パンジュケヨ
焦がす	태우다 テウダ	混ぜる	비비다 ピビダ
└焦がします	태워요 テウォヨ	└混ぜます	비벼요 ピビョヨ
温める	데우다 テウダ	盛り付ける	담다 タムタ
└温めます	데워요 テウォヨ	└盛り付けます	담아요 タマヨ

●調理

食器類・調理器具

食器	식기 シッキ	椀	그릇 クルッ
ステンレス食器	스텐 식기 ステン シッキ	茶碗	밥그릇 パプクルッ
陶磁器食器	도자기 식기 トジャギ シッキ	汁椀	국그릇 クククルッ
箸	젓가락 チョッカラク	皿	접시 チョプシ
割り箸	나무젓가락 ナムジョッカラク	コップ	컵 コプ
フォーク	포크 ポク	湯飲み	찻잔 チャッチャン
スプーン	숟가락 スッカラク	グラス	유리잔 ユリジャン
つまようじ	이쑤시개 イッスシゲ	酒杯	술잔 スルチャン
お盆	쟁반 チェンバン		語中の잔は習慣的に濁らず ［술짠（スルチャン）］と発音します。

包丁	**칼** カル	ふた	**뚜껑** ットゥッコン
まな板	**도마** トマ	お玉	**국자** ククチャ
ざる	**소쿠리** ソクリ	フライ返し	**뒤집개** トィジプケ
ボウル	**볼** ポル	やかん	**주전자** チュジョンジャ
鍋	**냄비** ネムビ	魔法瓶	**보온병** ポオンビョン
土鍋	**뚝배기** ットゥクペギ	炊飯器	**전기밥솥** チョンギバプソッ
圧力鍋	**압력솥** アムニョクソッ	しゃもじ	**주걱** チュゴク

압のパッチムㅂと次の子音ㄹが
鼻音化して［압녁쏟（アムニョクソッ）］
と発音します。

蒸し器	**찜통** ッチムトン	ミキサー	**믹서기** ミクソギ
フライパン	**프라이팬** プライペン	電子レンジ	**전자레인지** チョンジャレインジ

コラム いろいろな種類の醤油

　p.154に「醤油」が3種類も登場していましたが、**진간장**（濃口醤油）、**양조간장**（醸造醤油）、**국간장**（薄口醤油）の3種類にはどんな違いがあるのでしょうか。

●濃口醤油 ＝ 진간장 チンガンジャン

　5年以上熟成させて味と色を濃くした醤油です。長く熟成させると塩辛さがなくなり、甘味が出てきます。加熱しても味が変わりにくいため、炒め物や焼肉、カルビなどの味付けに使われます。

●醸造醤油 ＝ 양조간장 ヤンジョガンジャン

　진간장（濃口醤油）に比べて味が繊細です。また、국간장（薄口醤油）に比べて色が濃く、塩辛さは控えめです。あえ物を作る時や刺身を食べる時などに使われます。

●薄口醤油 ＝ 국간장 ククカンジャン

　조선간장 チョソンガンジャン（朝鮮醤油）、한식간장 ハンシクカンジャン（韓式醤油）ともいい、色が薄く、しょっぱい味が強いのが特徴です。みそ玉麹を塩水につけて発酵させ、その後煮つめて作ります。スープ類を作る時にこれを入れると、韓国らしい味になります。

　これらのほかにも、昆布や煮干しなどで味付けした **맛간장** マッカンジャン（味付け醤油）、魚で作る **어간장** オガンジャン（魚醤）など、いろいろな種類の醤油があります。

第 **5** 章

買う

● 市場・ショップ

店

大型スーパー	**대형 마트** テヒョン　マトゥ		雑貨店	**잡화점** チャプァジョム
売店	**매점** メジョム		小規模 雑貨店	**구멍가게** クモンガゲ
5日市 (5日ごとに 開かれる市場)	**오일장** オイルチャン		製菓店	**제과점** チェグァジョム
ブランド ショップ	**명품점** ミョンプムジョム		パン屋	**빵집** ッパンチプ
アウトレット	**아울렛** アウルレッ		八百屋	**야채 가게** ヤチェ　ガゲ
ディスカウント ショップ	**할인점** ハリンジョム		精肉店	**정육점** チョンユクチョム
質屋	**전당포** チョンダンポ		魚屋	**생선 가게** センソン　ガゲ

●お店の名前

　お店の名前は、扱っている商品の名前の後ろに**점/가게**(店)、**집**(家)、**방**(部屋)のいずれかがつきます。

酒屋	**주류점** チュリュジョム
花屋	**꽃집** ッコッチプ

書店	서점 ソジョム	靴店	구두 가게 クドゥ ガゲ
本屋	책방 チェクパン	価格	가격 カギョク
文房具店	문구점 ムングジョム	値段	값 カプ
眼鏡店	안경점 アンギョンジョム	値札	가격표 カギョクピョ
宝石店	보석점 ポソクチョム	定価	정가 チョンカ
家具店	가구점 カグジョム	割引	할인 ハリン
ケータイ ショップ	휴대폰 샵 ヒュデポン シャプ	お釣り	거스름돈 コスルムトン

「ショップ」を表す샵はアメリカ式の英語をハングルで表したもの。イギリス式なら숍(ショプ)です。

		お会計	계산 ケサン
チマチョゴリ屋	한복집 ハンボクチプ	レジ	계산대 ケサンデ

한복は韓国の民族衣装。スカートタイプは치마저고리(チマジョゴリ)、ズボンタイプは바지저고리(パジジョゴリ)。

		セール	세일 セイル

🀫 みやげ・伝統工芸

韓国海苔	**김** キム	インスタント ラーメン	**봉지 라면** ポンジ　ラミョン	
海苔ふりかけ	**김자반** キムジャバン	辛ラーメン	**신라면** シルラミョン	
ゆず茶 ポーション	**유자차 포션** ユジャチャ　ポション	[実라면（シルラミョン）] のほか、 [신나면（シンナミョン）] とも 発音されます。		
トウモロコシの ひげ茶	**옥수수 수염차** オクスス　スヨムチャ	箸匙セット	**수저** スジョ	
紙パック マッコリ	**종이팩 막걸리** チョンイペク マクコルリ	金属の箸	**금속 젓가락** クムソク　チョッカラク	
餅チョコパイ	**찰떡 파이** チャルトク　　パイ	白磁	**백자** ペクチャ	
エゴマの葉 缶詰	**깻잎 통조림** ッケンニフ トンジョリム	青磁	**청자** チョンジャ	
惣菜缶詰	**반찬 통조림** パンチャン トンジョリム	陶磁器	**도자기** トジャギ	
肉の煮物	**장조림** チャンジョリム	茶器セット	**다기 세트** タギ　　セトゥ	

伝統菓子	전통 과자 チョントン グァジャ	おこし	엿강정 ヨッカンジョン
韓菓	한과 ハングァ	ゴマおこし	깨강정 ッケガンジョン
油菓	유과 ユグァ	正果	정과 チョングァ
油蜜菓	유밀과 ユミルグァ	熟実果	숙실과 スクシルグァ
薬菓	약과 ヤックァ	薬食	약식 ヤクシク
饅頭菓	만두과 マンドゥグァ	茶食	다식 タシク
梅雑菓	매잡과 メジャプクァ	ようかん	양갱 ヤンゲン

●韓国伝統のお菓子「韓菓」

「油菓」は、もち米粉で作った生地を油で揚げたあと、米やゴマなどをまぶしたもの。「油蜜菓」は、小麦粉にゴマ油、はちみつ、しょうが、シナモンなどを混ぜたものを揚げて、表面にはちみつを塗ったものです。丸い「薬菓」、餃子型の「饅頭菓」、ねじり型の「梅雑菓」などの種類があります。

「正果」は果物などの砂糖煮で、「熟実果」は、果物などを煮潰し、再び果物の形にしたもの。「薬食」は木の実と黒砂糖のおこわで、「茶食」は落雁に似たお菓子です。

伝統工芸	전통 공예 チョントン コンイェ	民画	민화 ミヌァ
伝統デザイン	전통 디자인 チョントン ディジャイン	民画のうちわ	민화 부채 ミヌァ プチェ
民俗デザイン	민속 디자인 ミンソゥ ティジャイン	刺繍	자수 チャス
韓紙	한지 ハンジ	花の刺繍 ハンカチ	꽃자수 손수건 ッコッチャス ソンスゴン
螺鈿漆器	나전 칠기 ナジョン チルギ	十長生	십장생 シプチャンセン
螺鈿の 宝石箱	나전 보석함 ナジョン ボソカム		

> 「十長生」とは、鶴や亀など、長生きを象徴する10の図柄のことを表す言葉です。

> 보석함はパッチムㄱと次の子音ㅎが激音化して［보서캄（ボソカム）］と発音します。보は語中なので濁ります。

十長生の 置時計	십장생 탁상시계 シプチャンセン タゥサンシゲ
螺鈿の 爪切り	나전 손톱깎이 ナジョン ソントゥカッキ	ハングルの はんこ	한글 도장 ハングル ドチャン
刺子	누비 ヌビ	韓服	한복 ハンボゥ
刺子の ポーチ	누비 파우치 ヌビ パウチ	韓服の 装飾品	노리개 ノリゲ

윷놀이	ユンノリ	韓国すごろく
공기놀이	コンギノリ	韓国お手玉
팽이	ペンイ	コマ
연	ヨン	凧（たこ）
기념품	キニョムプム	記念品
선물	ソンムル	プレゼント、おみやげ
포장	ポジャン	ラッピング
포장지	ポジャンジ	包装紙
시식	シシク	試食
입어 보다	イボ ボダ	試着する

組紐	매듭	メドゥプ
かんざし	비녀	ピニョ
韓服用のゴム靴	고무신	コムシン
太極扇	태극선	テグクソン
シルク扇子	실크 부채	シルク プチェ
風呂敷	보자기	ポジャギ
福巾着	복주머니	ポクチュモニ
河回仮面	하회탈	ハフェタル

> 年初に福を願って米などを入れて子供にあげた小さな袋のこと。今は装飾品です。

> 仮面劇で有名な河回集落の仮面で、壁飾りなどに使われています。

デパート

デパート	**백화점** ペクァジョム	営業時間	**영업시간** ヨンオプシガン
漢字で書くと「百貨店」。백のパッチム ㄱ次の子音 ㅎ が激音化して［배콰점（ペクァジョム）］と発音します。		開店時間	**개점시간** ケジョムシガン
本館	**본관** ポングァン	閉店時間	**폐점시간** ペジョムシガン
別館	**별관** ピョルグァン	休館日	**휴무일** ヒュムイル
客	**고객** コゲク	自動ドア	**자동문** チャドンムン
お客様	**고객님** コゲンニム	回転ドア	**회전문** フェジョンムン
子音 ㄴ の前にある객のパッチム ㄱ が鼻音化して［고갱님（コゲンニム）］と発音します。		案内デスク	**안내 데스크** アンネ　デスク
店員	**점원** チョムォン	エスカレーター	**에스컬레이터** エスカルレイト
販売員	**판매원** パンメウォン	エレベーター	**엘리베이터** エルリベイト

開ボタン	열림 버튼 ヨルリム ボトゥン	1階	1층 イルチュン
閉ボタン	닫힘 버튼 タチム ボトゥン	2階	2층 イチュン

닫のパッチムⅡと次の子音ㅎが
激音化でㅌになり、さらに発音しやすい
ㅊに変わって、[다침 (タチム)]と発音。

上ボタン	오름 버튼 オルム ボトゥン	屋上	옥상 オッサン
下ボタン	내림 버튼 ネリム ボトゥン	階段	계단 ケダン
呼び出しボタン	호출 버튼 ホチュル ボトゥン	売り場	판매장 パンメジャン
非常停止	비상 정지 ピサン ジョンジ	食堂街	식당가 シクタンガ
フロアガイド	층별안내 チュンビョルアンネ	催事場	행사장 ヘンサジャン
地上	지상 チサン	トイレ (化粧室)	화장실 ファジャンシル
地下	지하 チハ	非常口	비상구 ピサング
		駐車場	주차장 チュチャジャン

第5章 買う

売り場案内	**매장안내** メジャンアンネ	紳士服	**남성복** ナムソンボク
食料品	**식료품** シンニョブム	婦人服	**여성복** ヨソンボク
帽子	**모자** モジャ	子供服	**아동복** アドンボク
バッグ	**백** ペク	ベビー服	**유아복** ユアボク
傘	**우산** ウサン	下着	**속옷** ソゴッ
靴（履物全般）	**신발** シンバル	スポーツ ウェア	**운동복** ウンドンボク
化粧品	**화장품** ファジャンプム	インテリア	**인테리어** インテリオ
アクセサリー	**액세서리** エクセソリ	寝具	**침구** チムグ
時計	**시계** シゲ	日用品	**일용품** イリョンブム
ブランド物	**명품** ミョンプム	おもちゃ	**장난감** チャンナンカム

イベント	이벤트	イベントゥ		お直しセンター	수선 카운터	スソン カウント	
謝恩セール	사은 세일	サウン セイル		ベビーカー貸し出し	유모차 대여	ユモチャ デヨ	
タックスリファンド	텍스 리펀드	テクス リポンドゥ		赤ちゃん休憩室	유아휴게실	ユアヒュゲシル	
免税	텍스프리	テクスプリ		ポーターサービス	포터 서비스	ポト ソビス	
カード払い	신용카드 결제	シニョンカドゥ ギョルチェ		ラッピングコーナー	선물포장 코너	ソンムルポジャン コノ	
一括払い	일시불	イルシブル		配送デスク	배송 데스크	ペソン デスク	
分割払い	할부	ハルブ		手荷物預り所	물품보관소	ムルプムボグァンソ	
商品券	상품권	サンプムクォン		ピックアップデスク	픽업 데스크	ピゴプ テスク	
お客様相談室	고객상담실	コゲッサンダムシル		通訳デスク	통역 데스크	トンヨッ テスク	
ラウンジ	라운지	ラウンジ		外国人サービス	외국인 서비스	ウェグギン ソビス	

CDショップ・書店

CD	시디 シディ	ジャズ	재즈 チェジュ
アルバム	앨범 エルボム	ブルース	블루스 ブルルス
DVD	디브이디 ティブイディ	ロック	록 ロク
ブルーレイ	블루레이 ブルルレイ	フォーク	포크 ポク
ベストセラー	베스트 셀러 ベストゥ セルロ	ヒップホップ	힙합 ヒパプ
ロングセラー	롱 셀러 ロン セルロ	ラップ	랩 レプ
アーティスト	아티스트 アティストゥ	ポップソング	팝송 パプソン
タイトル	타이틀 タイトゥル	バラード	발라드 パルラドゥ
クラシック	클래식 クルレシク	サントラ	사운드트랙 サウンドゥトゥレク

本	책 チェク	推理小説	추리 소설 チュリ ソソル
表紙	표지 ピョジ	エッセー	수필 スピル
しおり	서표 ソピョ	詩集	시집 シジプ
作家	작가 チャッカ	古典文学	고전문학 コジョンムナク
翻訳	번역 ポニョク	偉人伝	위인전 ウィインジョン
辞書	사전 サジョン	童話	동화책 トンファチェク
フィクション	픽션 ピクション	絵本	그림책 クリムチェク
ノンフィクション	논픽션 ノンピクション	マンガ	만화책 マヌァチェク
雑誌	잡지 チャプチ	写真集	사진집 サジンジプ
小説	소설 ソソル	ガイドブック	가이드북 カイドゥブク

ドラッグストア

薬局	**약국** ヤックク	粉薬	**가루약** カルヤク
薬	**약** ヤク	咳止め	**기침약** キチムニャク
薬剤師	**약사** ヤクサ	약の前にㄴが挿入されて(p.28) [기침냑(キチムニャク)]と 発音します。	
飲み薬	**먹는 약** モンヌン ヤク	風邪薬	**감기약** カムギヤク
塗り薬	**바르는 약** パルヌン ヤク	頭痛薬	**두통약** トゥトンニャク
貼り薬	**붙이는 약** プチヌン ヤク	약の前にㄴが挿入されて(p.28) [두통냑(トゥトンニャク)]と 発音します。	
錠剤	**알약** アルリヤク	鎮痛剤	**진통제** チントンジェ
약の前にㄴが挿入され(p.28)、 さらに側音化して [알략(アルリャク)]と発音します。		解熱剤	**해열제** ヘヨルチェ
カプセル	**캡슐** ケプシュル	ステロイド	**스테로이드** ステロイドゥ

酔い止め	멀미약 モルミヤク	ピル（避妊薬）	피임약 ピイムニャク

약の前にㄴが挿入されて（p.28）
［피임냑（ピイムニャク）］と発音します。

下痢止め	설사약 ソルサヤク

便秘薬	변비약 ピョンビヤク	生理用 ナプキン	생리대 センニデ

생のパッチムㅇの次の子音
ㄹが鼻音化して
［생니대（センニデ）］と発音します。

胃腸薬	위장약 ウィジャンニャク

目薬	안약 アニャク	消毒薬	소독약 ソドンニャク

약の前にㄴが挿入され（p.28）、
さらに鼻音化して［소동냑
（ソドンニャク）］と発音します。

効き目	약효 ヤキョ

약のパッチムㄱと
次の子音ㅎが激音化して
［야쿄（ヤキョ）］と発音します。

副作用	부작용 プジャギョン	湿布	파스 パス
サプリメント	보약 ポヤク	ばんそうこう	반창고 パンチャンゴ
ビタミン剤	비타민제 ピタミンジェ	包帯	붕대 プンデ
		マスク	마스크 マスク

ドラッグストア	ドラッグストア 드럭스토어 トゥロッストオ	日焼け止め	선크림 ソンクリム
基礎化粧品	기초 화장품 キチョ ファジャンプム	クレンジング	클렌징 クルレンジン
メイクアップ	메이크업 メイクオプ	BBクリーム	BB크림 ピビクリム
コスメ	코스메 コスメ	ファンデーション	파운데이션 パウンデイション
スキンケア	피부 관리 ピブ グァルリ	チーク	볼터치 ポルトチ
洗顔料	세안제 セアンジェ	パウダー	파우더 パウド
化粧水	스킨 スキン	コンシーラー	컨실러 コンシルロ
モイスチャークリーム	모이스처 크림 モイスチョ クリム	口紅	립스틱 リプスティク
保湿剤	보습제 ポスプチェ	ティント	립틴트 リプティントゥ
乳液	로션 ロション	リップクリーム	립크림 リプクリム

アイブロウ	**아이브로우** アイブロウ		ハンドクリーム	**핸드크림** ヘンドゥクリム
アイシャドー	**아이섀도우** アイシェドウ		パック	**팩** ペク
アイライナー	**아이라이너** アイライノ		マスクシート	**마스크 시트** マスク シトゥ
マスカラ	**마스카라** マスカラ		素顔	**민낯** ミンナッ
ビューラー	**뷰러** ピュロ		すっぴん	**쌩얼** ッセンオル
アイチャーム	**아이참** アイチャム		乾燥肌	**건성 피부** コンソン ピブ
マニキュア	**매니큐어** メニキュオ			

> 漢字で書くと
> 「乾性皮膚」です。

ネイルシール	**네일스티커** ネイルステイコ		オイリー肌	**지성 피부** チソン ピブ
リムーバー	**네일리무버** ネイルリムボ		にきび	**여드름** ヨドゥルム
香水	**향수** ヒャンス		美白	**미백** ミベク

衣服

ファッション	**패션** ペション	ルームウェア	**실내복** シルレボク
服	**옷** オッ		
衣類	**의류** ウィリュ	パジャマ	**잠옷** チャモッ
服装	**복장** ポクチャン	長袖	**긴소매** キンソメ
フォーマル	**정장** チョンジャン	七分袖	**칠부 소매** チルブ ソメ
カジュアル	**캐주얼** ケジュオル	半袖	**반소매** パンソメ
作業着	**작업복** チャゴブポク	ノースリーブ	**민소매** ミンソメ
制服	**제복** チェボク	長ズボン	**긴바지** キンバジ
ジャージ	**츄리닝** チュリニン	半ズボン	**반바지** ハンバジ

실のパッチムㄹの次にある
子音ㄴが側音化して
[실래복(シルレボク)]と発音します。

トランクス	사각팬티 サガクペンティ	アウター	겉옷 コドッ	
パンツ（下着）	팬티 ペンティ			

겉의パッチム ㅌ は [t] で発音し、
そのまま連音化するので
［거돋（コドッ）］と発音します。

ブラジャー	브래지어 プレジオ	スーツ	양복 ヤンボク
キャミソール	캐미솔 ケミソル	ジャケット	재킷 チェキッ
シャツ	셔츠 ショチュ	ジャンパー	점퍼 チョムポ
タンクトップ	탱크탑 テンクタプ	ダウン	패딩 ペディン
ストッキング	스타킹 スタキン	コート	코트 コトゥ
タイツ	타이즈 タイジュ	ロングコート	롱코트 ロンコトゥ
レギンス	레깅스 レギンス	トレンチ コート	바바리 ババリ
靴下	양말 ヤンマル	レインコート	레인코트 レインコトゥ

トップス	**상의** サンイ	カーディガン	**카디건** カディゴン
ラウンド ネック	**라운드넥** ラウンドゥネク	セーター	**스웨터** スウェト
Vネック	**브이넥** ブイネク	トレーナー	**맨투맨** メントゥメン

英語の「Man to Man」をハングルで表したもの。韓国ではスウェット生地のトレーナーをこう呼びます。

タートル ネック	**폴라넥** ポルラネク		
Tシャツ	**티셔츠** ティショチュ	パーカー	**후드티** フドゥティ
開襟シャツ	**남방** ナムバン	ジップアップ	**집업** チボブ
ポロシャツ	**폴로셔츠** ポルロショチュ	プルオーバー	**풀오버** プロボ
ブラウス	**블라우스** ブルラウス	チュニック	**튜닉** トゥニク
デニムシャツ	**데님 셔츠** テニム ショチュ	ワンピース	**원피스** ウォンピス
ベスト	**조끼** チョッキ	ドレス	**드레스** トゥレス

オールインワン	점프수트 チョムプストゥ	クロップドパンツ	크롭 바지 クロプ パジ
ボトムス	하의 ハウィ	カーゴパンツ	카고 바지 カゴ パジ
スカート	치마 チマ	オーバーオール	멜빵 바지 メルパン パジ
		ジーンズ	청바지 チョンバジ
タイト	타이트 タイトゥ	スキニー	스키니 スキニ
ズボン	바지 パジ	スリムフィット	슬림핏 スルリムピッ
パンツ （ズボン）	팬츠 ペンチュ	ブーツカット	부츠컷 プチュコッ
スラックス	슬랙스 スルレクス	ワイドパンツ	와이드바지 ワイドゥバジ
チノパンツ	치노바지 チノバジ	丈の調節	기장 조절 キジャン ジョジョル
ショートパンツ	반바지 パンバジ	オーダーメイド	맞춤옷 マッチュモッ

英語の「skirt（スカート）」を
ハングルで表した**스커트**（スコトゥ）
も使われます。

柄・素材

柄	무늬 ムニ	花柄	꽃무늬 コンムニ
デザイン	디자인 ティジャイン		子音ㅁの前にある꽃のパッチムㅊ （発音は[t]）が鼻音化して [꼰무늬（コンムニ）]と発音します。
無地	무지 ムジ	ヒョウ柄	호피 무늬 ホピ　ムニ
ボーダー （横縞）	가로줄 무늬 カロジュル　ムニ	ハート柄	하트 무늬 ハトゥ　ムニ
ストライプ （縦縞）	세로줄 무늬 セロジュル　ムニ	ペイズリー柄	페이즐리 무늬 ペイジュルリ　ムニ
チェック	체크 무늬 チェク　ムニ	ノルディック柄	노르딕 무늬 ノルディク　ムニ
水玉模様	물방울 무늬 ムルパンウル　ムニ	レース	레이스 レイス
幾何学模様	기하학적 모양 キハハクチョク　モヤン	花の刺繍	꽃자수 コッチャス
迷彩	미채 ミチェ	ビーズ刺繍	비즈 자수 ピジュ　ジャス

素材	소재 ソジェ	革	가죽 カジュク
布	옷감 オッカム	スウェード	스웨이드 スウェイドゥ
天然繊維	천연 섬유 チョニョン ソミュ	フェイクレザー	인조가죽 インジョガジュク
合成繊維	합성 섬유 ハッソン ソミュ	ポリエステル	폴리에스테르 ポルリエステル
綿	면 ミョン	ナイロン	나일론 ナイルロン
麻	마 マ	レーヨン	레이온 レイオン
シルク	견 キョン	アクリル	아크릴 アクリル
毛	모 モ	デニム	데님 テニム
ウール	울 ウル	ニット	니트 ニトゥ
カシミア	캐시미어 ケシミオ	コーデュロイ	코듀로이 コデュロイ

カバン・靴

カバン	**가방** カバン	リュックサック	**배낭** ペナン
ハンドバッグ	**핸드백** ヘンドゥベク	バックパック	**백팩** ペクペク
クラッチ バッグ	**클러치백** クルロチベク	スポーツ バッグ	**스포츠백** スポチュベク
ショルダー バッグ	**숄더백** ショルドベク	ボストン バッグ	**보스턴백** ボストンベク
斜め掛け バッグ	**크로스백** クロスベク	キャリー バッグ	**캐리어** ケリオ
ポーチ	**파우치** パウチ	パソコン バッグ	**노트북가방** ノトゥブクカバン
ウェスト ポーチ	**힙색** ヒナセク	ブリーフ ケース	**서류가방** ソリュガバン
スリング バッグ	**슬링백** スルリンベク	スーツケース	**여행용 캐리어** ヨヘンニョン ケリオ
トートバッグ	**토트백** トトゥベク	エコバッグ	**에코백** エコベク

革靴	구두 クドゥ	運動靴	운동화 ウンドンファ
サンダル	샌들 センドゥル	ウォーキング シューズ	워킹 슈즈 ウォキン シュジュ
ビーチ サンダル	비치샌들 ピチセンドゥル	スニーカー	스니커즈 スニコジュ
ミュール	뮬 ミュル	長靴	장화 チャンファ
パンプス	펌프스 ポムプス	ブーツ	부츠 プチュ
オープントゥ	토오픈 トオプン	ダウンブーツ	패딩부츠 ペディンブチュ
フラット シューズ	플랫슈즈 プルレッシュジュ	ロングブーツ	롱부츠 ロンブチュ
ローファー	로퍼 ロポ	靴ひも	신발끈 シンバルクン
スリッポン	슬립온 スルリポン	ヒール	힐 ヒル
オックス フォード	옥스퍼드 슈즈 オックスポドゥ シュジュ	ソール	구두창 クドゥチャン

服飾雑貨

財布	**지갑** チガフ	帽子	**모자** モジャ
長財布	**장지갑** チャンジガフ	キャップ	**야구모자** ヤグモジャ
二つ折り財布	**반지갑** パンジガフ	ニット帽	**니트 모자** ニトゥ モジャ
小銭入れ	**동전 지갑** トンジョン ジガフ	ベレー帽	**베레모** ペレモ
名刺入れ	**명함 지갑** ミョンハム ジガフ	耳当て付き帽子	**귀달이 모자** クィダリ モジャ
ベルト	**벨트** ベルトゥ	麦わら帽子	**밀짚모자** ミルチプモジャ
牛革ベルト	**소가죽 벨트** ソガジュク ベルトゥ	サンバイザー	**썬캡** ッソンケフ
バックル	**버클** ポクル	ネクタイ	**넥타이** ネクタイ
サスペンダー	**서스펜더** ソスペンド	ネクタイピン	**넥타이 핀** ネクタイ ピン

186

手袋	장갑	傘	우산
	チャンガプ		ウサン
革手袋	가죽 장갑	長傘	장우산
	カジュク チャンガプ		チャンウサン
ニット手袋	니트 장갑	ビニール傘	비닐 우산
	ニトゥ ジャンガプ		ピニル ウサン
ミトン	벙어리 장갑	折り畳み傘	3단 우산
	ポンオリ ジャンガプ		サムダン ウサン
マフラー	머플러	日傘	양산
	モプルロ		ヤンサン
ネックウォーマー	넥워머	撥水機能	발수 기능
	ネグォモ		パルス キヌン
スカーフ	스카프	UVカット	자외선 차단
	スカプ		チャウェソン チャダン
ショール	숄	軽量	경량
	ショル		キョンニャン
バンダナ	반다나	晴雨兼用傘	우양산
	パンダナ		ウヤンサン
ハンカチ	손수건	雨具	우비
	ソンスゴン		ウビ

腕時計	손목시계 ソンモクシゲ	フレーム	안경테 アンギョンテ
デジタル時計	디지털 시계 ティジトル シゲ	メタルフレーム	메탈프레임 メタルプレイム
懐中時計	회중시계 フェジュンシゲ	セルフレーム	셀프레임 セルプレイム
時計バンド	시계줄 シゲジュル	眼鏡ストラップ	안경줄 アンギョンジュル
革バンド	가죽밴드 カジュクペンドゥ	眼鏡ケース	안경 케이스 アンギョン ケイス
自動巻き	오토매틱 시계 オトメティク シゲ	近視	근시 クンシ
クォーツ	쿼츠 시계 クォチュ シゲ	遠視	원시 ウォンシ
防水	방수 パンス	乱視	난시 ナンシ
眼鏡	안경 アンギョン	ヘアピン	헤어핀 ヘオピン
サングラス	선글라스 ソングルラス	ヘアゴム	머리끈 モリックン

シュシュ	헤어 슈슈 ヘオ　シュシュ	ボタン	단추 タンチュ
ヘアバンド	헤어밴드 ヘオベンドゥ	カフス	커프스 コプス
ヘアクリップ	헤어집게 ヘオジプケ	キーホルダー	열쇠고리 ヨルスェゴリ
ウィッグ	가발 カバル	携帯 ストラップ	핸드폰 줄고리 ヘンドゥポン　チュルゴリ
エクステ	붙임머리 プチムモリ	スマホケース	스마트폰 케이스 スマトゥポン　ケイス
チョーカー	초커 チョコ	デコレーション	데코레이션 デコレイション
コサージュ	코르사주 コルサジュ	手製 アクセサリー	수제 액세서리 スジェ　エクセソリ
	この**코르사주**が正式ですが、**코사지**（コサジ）という表現も使われます。	ハンドメイド	핸드메이드 ヘンドゥメイドゥ
ブローチ	브로치 プロチ	ビーズ	비즈 ピジュ
バッジ	배지 ペジ	リボン	리본 リボン

●ファッション

アクセサリー

ジュエリー	쥬얼리 チュオルリ	指輪	반지 パンジ
ネックレス	목걸이 モッコリ	カップル リング	커플링 コプルリン
チェーン	목걸이 체인 モッコリ チェイン	婚約指輪	약혼반지 ヤコンバンジ
ペンダント	펜던트 ペンドントゥ		約婚（婚約）はパッチムㄱと ㅎが激音化して [야콘（ヤコン）]と発音します。
ペンダント トップ	펜던트 톱 ペンドントゥ トプ	結婚指輪	결혼반지 キョロンバンジ
イヤリング	귀걸이 クィゴリ		結婚（結婚）はㅎが弱音化して (p.29) [겨론（キョロン）]と 発音します。
ピアス	피어싱 ピオシン	シルバー	실버 シルボ
ブレスレット	팔찌 パルチ	プラチナ	백금 ペックム
アンクレット	발찌 パルチ	ゴールド	골드 コルドゥ

誕生石	탄생석 タンセンソク	サファイア (9月)	사파이어 サパイオ
ガーネット (1月)	석류석 ソンニュソク	オパール (10月)	오팔 オパル

漢字で書くと「石榴石」。석のパッチム ㄱと次の子音ㄹが鼻音化して ［성뉴석（ソンニュソク）］と発音。

アメジスト (2月)	자수정 チャスジョン	トパーズ (11月)	토파즈 トパジュ
アクアマリン (3月)	아쿠아마린 アクアマリン	トルコ石 (12月)	터키석 トキソク
ダイヤモンド (4月)	다이아몬드 タイアモンドゥ	天然石	천연석 チョニョンソク
エメラルド (5月)	에메랄드 エメラルドゥ	パワーストーン	파워스톤 パウォストン
真珠 (6月)	진주 チンジュ	研磨	연마 ヨンマ
ルビー (7月)	루비 ルビ	カット	커트 コトゥ
ペリドット (8月)	페리도트 ペリドトゥ	輝き	광채 クァンチェ
		鑑定書	감정서 カムジョンソ

韓国の絵文字

韓国では絵文字や顔文字、スタンプのことを、이모티콘（イモティコン）といいます。「感情」のemotion（エモーション）と「記号」のicon（アイコン）を合わせた造語です。

韓国では (^^;) や (>_<) のように、記号による顔文字もありますが、ハングルの母音だけ、子音だけを使った絵文字も、略語のような形で多く使われています。ここではその一部を見てみましょう。

● 形から連想するもの
ー ー ＝ 困った
ㅠㅠ ＝ 泣く
ㅅ ㅅ ＝ 笑う

● 母音を省略したもの
ㅋㅋㅋㅋ ←킥킥（キックキック） ＝ クスクス笑う
ㄷㄷㄷ ←덜덜덜（トゥルドゥルドゥル） ＝ 恐怖や恥ずかしさに震える
ㅍㅎㅎㅎ ←푸하하하（プハハハ） ＝ 大笑い
ㅈㅅㅈㅅ ←죄송죄송（チェソンチェソン） ＝ ごめんごめん
ㄳㄳ ←감사감사（カムサカムサ） ＝ どうもどうも

絵文字に頼りすぎると、想像力を疎外するとか、文章力が低下するとか、批判の声がありますが、今のところ이모티콘（イモティコン）はますます広がっています。

第 6 章

楽しむ・遊ぶ

●音楽
K-POP

K-POP	케이팝 ケイパァ	デビュー	데뷔 テビュィ
アイドル	아이돌 アイドル	新人	신인 シニン
K-POP スター	케이팝 스타 ケイパァ　スタ	ガールズ グループ	걸그룹 コルグルァ
所属会社	소속사 ソソゥサ	ボーイズ グループ	보이그룹 ボイグルァ
芸能事務所	연예 기획사 ヨネ　キヘゥサ	メンバー	멤버 メムボ
エンターテイン メント	엔터테인먼트 エントテインモントゥ	末っ子	막내 マンネ
オーディション	오디션 オディション	∟の前のパッチムㄱが 鼻音化して [망내（マンネ）]と発音します。
スカウト	스카우트 スカウトゥ	長兄	맏형 マテョン
練習生	연습생 ヨンスァセン	맏のパッチムㄷと次の子音ㅎが 激音化して[마텽（マテョン）]と 発音します。

リーダー	리더 リド	ヒット	히트 ヒトゥ
メイン ボーカル	메인 보컬 メインボコル	新曲	신곡 シンゴク
ダンサー	댄서 テンソ	カムバック	컴백 コムベク
ラッパー	래퍼 レポ	売れっ子 (男性)	대세남 テセナム
ミュージック ビデオ	뮤직 비디오 ミュジク ピディオ	演技もする アイドル	연기돌 ヨンギドル
ビルボード チャート	빌보드 차트 ピルボドゥ チャトゥ	日本デビュー	일본 데뷔 イルボン デビュィ
K-POP アワード	K-POP 어워드 ケイパプ オウォドゥ	日本の コンサート	일본 콘서트 イルボン コンソトゥ
グッバイ ステージ	굿바이스테이지 クッパイステイジ	海外進出	해외 진출 ヘウェ ジンチュル

●韓国のアーティスト

　韓国では誰が末っ子で誰が長兄で、というように、グループのメンバーを兄弟関係に見立てることがよくあります。また、韓国の歌手は、アルバム発売→宣伝活動→「グッバイステージ」と呼ばれるライブのあと、しばらくメディアから姿を消し、次のアルバム発売が「カムバック」となります。

ファンミ・応援

ファン	팬 ペン	Q&A コーナー	Q&A 코너 キュエンエイ コノ
ファンクラブ	팬클럽 ペンクルロプ	フォトタイム	포토타임 ポトタイム
ファンサイト	팬카페 ペンカペ	ハイタッチ	하이파이브 ハイパイブ
ファン サービス	팬서비스 ペンソビス	ツーショット	투샷 トゥシャッ
ファン ミーティング	팬미 ペンミ	グッズ	굿즈 クッチュ
抽選	추첨 チュチョム	うちわ	부채 プチェ
握手会	악수회 アクスフェ	スローガン	슬로건 スルロゴン
サイン会	사인회 サイネ	応援ボード	플카 プルカ
トークショー	토크쇼 トクショ	応援カラー	응원 컬러 ウンウォン コルロ

ファイト	파이팅 パイティン	待ってたよ	기다렸어 キダリョッソ
愛してる	사랑해 サランへ	会いたかった	보고 싶었어 ポゴ　シポッソ
お兄ちゃん	오빠 オッパ	最高	최고 チェゴ

> 妹が実の兄を呼ぶほか、女性が
> 年上の男性に対して親しみを
> 込める呼びかけにもなります。

		5周年 おめでとう	5주년 축하해 オジュニョン チュカへ
手に入れたい	갖고 싶다 カッコ　シプタ	お疲れさま です	수고했어요 スゴヘッソヨ
永遠に	영원히 ヨンウォニ	今日も ありがとう	오늘도 고마워 オヌルド　コマウォ
応援するよ	응원할게요 ウンウォナルケヨ	本当に ありがとう	참 고마워 チャム　コマウォ
行かないで	가지 마 カジ　マ	来てくれて ありがとう	와줘서 고마워 ワジョソ　コマウォ
待ってる	기다릴게 キダリルケ	いつも 一緒にいよう	항상 함께 하자 ハンサン ハムケ ハジャ

> 韓国には兵役があるので、入隊前に
> 「待っているよ」、除隊後には「待って
> いたよ」などの言葉をかけます。

		一緒に行こう	같이 가자 カチ　カジャ

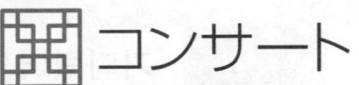コンサート

コンサート	**콘서트** コンソトゥ	チケット	**티켓** ティケッ
全国ツアー	**전국 투어** チョングク トゥオ	プレミアム チケット	**프리미엄 티켓** プリミオム ティケッ
単独 コンサート	**단독 콘서트** タンドゥ コンソトゥ	前売り	**예매** イエメ
ソロ コンサート	**솔로 콘서트** ソルロ コンソトゥ	当選	**당첨** タンチョム
野外 コンサート	**야외 콘서트** ヤウェ コンソトゥ	当日券	**당일 티켓** タンイル ティケッ
音楽フェス	**뮤직 페스티벌** ミュジク ペスティボル	売り切れ	**매진** メジン
出演歌手	**출연 가수** チュリョン ガス	コンサート ホール	**콘서트 홀** コンソトゥ ホル
ゲスト出演	**게스트 출연** ケストゥ チュリョン	ライブハウス	**라이브 하우스** ライブ ハウス
コンサート 日程	**콘서트 일정** コンソトゥ イルチョン	リハーサル	**리허설** リホソル

公演	공연 コンヨン		スポットライト	스포트라이트 スポトゥライトゥ
開場	개장 ケジャン		パフォーマンス	퍼포먼스 パポモンス
開演	개연 ケヨン		振り付け	안무 アンム
アリーナ席	아레나 석 アレナ　ソク		演奏	연주 ヨンジュ
1階席	일층석 イルチュンソク		伴奏	반주 パンジュ
2階席	이층석 イチュンソク		セットリスト	세트리스트 セトゥリストゥ
立ち見	입석 イプソク		ペンライト	야광봉 ヤグァンボン
入場制限	입장제한 イプジャンジェハン		ウェーブ	파도타기 パドタギ
ヒット曲	히트곡 ヒトゥゴク		アンコール	앵콜 エンコル
最新曲	최신곡 チェシンゴク		終演	종연 チョンヨン

ジャンル・楽器

流行歌	유행가 ユヘンガ
バラード	발라드 パルラドゥ
ポップソング	팝송 パプソン
ヒップホップ	힙합 ヒパプ
ロック	록 ロク
フォークソング	포크 송 ポク ソン
ジャズ	재즈 チェズ
ブルース	블루스 プルルス
クラシック	클래식 クルレシク

電子音楽	전자 음악 チョンジャ ウマク
民族音楽	민족 음악 ミンジョク ウマク
国楽	국악 クガク
パンソリ	판소리 パンソリ
農楽	농악 ノンアク
サムルノリ	사물놀이 サムルロリ

●韓国の民族音楽

「国楽」とは、韓国の伝統的な楽器による伝統音楽のこと。「パンソリ」は物語性のある歌と太鼓による音楽、「農楽」は踊りながら音楽を奏で豊作を祝う伝統芸能、「サムルノリ」は農楽を現代的にアレンジした音楽です。

オーケストラ	오케스트라 オケストゥラ	サックス	색소폰 セクソポン
バイオリン	바이올린 パイオルリン	ホルン	호른 ホルン
チェロ	첼로 チェルロ	ティンパニ	팀파니 ティムパニ
コントラバス	콘트라베이스 コントゥラベイス	太鼓	북 プク
ハープ	하프 ハプ	木琴	실로폰 シルロポン
フルート	플루트 プルルトゥ	ピアノ	피아노 ピアノ
オーボエ	오보에 オボエ	ドラム	드럼 トゥロム
クラリネット	클라리넷 クルラリネッ	シンバル	심벌즈 シムボルジュ
トランペット	트럼펫 トゥロムペッ	ギター	기타 キタ
トロンボーン	트롬본 トゥロムボン	ベース	베이스 ペイス

●ドラマ・映画

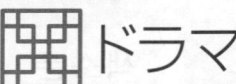 ドラマ

韓流	**한류** ハルリュ

ㄹの前のパッチムㄴが側音化して
[할류(ハルリュ)]と発音します。

地上波ドラマ	**지상파 드라마** チサンパ　ドゥラマ
ケーブル ドラマ	**케이블 드라마** ケイブル　ドゥラマ
ウェブドラマ	**웹 드라마** ウェプ　トゥラマ
脚本	**각본** カクポン
演出	**연출** ヨンチュル
主演	**주연** チュヨン
助演	**조연** チョヨン

ホームドラマ	**가족 드라마** カジョク　トゥラマ
医療ドラマ	**의학 드라마** ウィハク　トゥラマ
政治ドラマ	**정치 드라마** チョンチ　ドゥラマ
恋愛ドラマ	**멜로 드라마** メルロ　ドゥラマ
ラブコメ	**러브코미디** ロブコミディ
ロマンチック コメディ	**로맨틱 코미디** ロメンティク　コミディ

省略して로코(ロコ)とも
いいます。

人気ドラマ	**인기드라마** インキドゥラマ

인기(人気)は、習慣的に
기が濁らず濃音化して
[인끼(インキ)]と発音します。

202

登場人物	등장인물 トゥンジャンインムル	最終回	마지막회 マジマクェ

막のパッチムㄱと次の子音ㅎが
激音化して［마지마쾨（マジマクェ）］
と発音します。

主人公	주인공 チュインゴン

人物相関図	인물관계도 インムルグァンゲド	あり得ない 展開	막장 マクチャン

俳優	배우 ペウ	ハッピーエンド	해피엔딩 ヘピエンディン

女優	여배우 ヨベウ	バッドエンド	배드엔딩 ペドゥエンディン

演技	연기 ヨンギ	サッドエンド	새드엔딩 セドゥエンディン

セリフ	대사 テサ	リアルタイム 視聴	본방사수 ポンバンサス

漢字で書くと
「本放（送）死守」です。

メイキング	메이킹 メイキン

主題歌	주제가 チュジェガ	視聴率	시청률 シチョンニュル

OST （サントラ）	OST（오에스티） オエスティ

청のパッチムㅇの次の子音ㄹが
鼻音化して［시청뉼（シチョンニュル）］
と発音します。

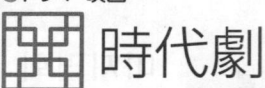

時代劇

時代劇	사극 サグク
フュージョン時代劇	퓨전사극 ピュジョンサグク

「フュージョン時代劇」とは、時代考証などを無視し、ファンタジーなどの要素を加えた時代劇です。

時代背景	시대배경 シデベギョン
三国時代	삼국시대 サムグクシデ
高句麗	고구려 コグリョ
└広開土太王	광개토태왕 クァンデトテワン
百済	백제 ペクチェ
└武王	무왕 ムワン

新羅	신라 シルラ

ㄹの前のパッチムㄴが側音化して［실라（シルラ）］と発音します。

善徳女王	선덕여왕 ソンドンニョワン

선덕と여왕の間にㄴが挿入され（p.28）、ㄴの前のパッチムㄱが鼻音化して［선덩녀왕（ソンドンニョワン）］と発音します。

高麗時代	고려시대 コリョシデ
└太祖王建	태조 왕건 テジョ ワンゴン
朝鮮時代	조선시대 チョソンシデ
└李成桂	이성계 イソンゲ
└世宗	세종 セジョン

実在の人物	실존 인물 シルチョン インムル	内侍	내시 ネシ
架空の人物	허구 인물 ホグ インムル	儒学の士	선비 ソンビ
王	왕 ワン	貴族	양반 ヤンバン
王妃	왕비 ワンビ	若旦那	도련님 トリョンニム
君主	임금 イムグム	武士	무사 ムサ
王の命令	어명 オミョン	商人	상인 サンイン
世継ぎ	왕세자 ワンセジャ	民	백성 ペクソン
殿下	전하 チョナ	盗賊	도적 トジョク
陛下	폐하 ペハ	奴隷	노비 ノビ
旦那様	나리 (나으리) ナリ ナウリ	被差別民	백정 ペクチョン

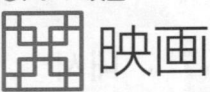 映画

監督	**감독** カムドク	キャスティング	**캐스팅** ケスティン
プロデューサー	**프로듀서** プロデュソ	配役	**배역** ペヨク
撮影	**촬영** チャリョン	子役	**아역** アヨク
原作	**원작** ウォンジャク	端役	**단역** タニョク
ウェブ漫画 原作	**웹툰 원작** ウェプトゥン ウォンジャク	悪役	**악역** アギョク
台本	**대본** テボン	代役	**대역** テヨク
アドリブ	**애드리브** エドゥリブ	スタントマン	**스턴트맨** ストントゥメン
名台詞	**명대사** ミョンデサ		
映画俳優	**영화 배우** ヨンファ ベウ		

●映画の街、忠武路

　ソウルの繁華街、明洞の隣にある忠武路 **충무로**（チュンムロ）は、かつて映画館がたくさんあり、今も映画界の代名詞となっています。

特別出演	특별 출연 トゥクピョルチュリョン	アクション	액션 エクション
友情出演	우정 출연 ウジョンチュリョン	コメディ	코미디 コミディ
カメオ出演	카메오 출연 カメオ　チュリョン	青春映画	청춘 영화 チョンチュン ヨンファ
実話	실화 シルァ	恋愛映画	멜로 영화 メルロ　ヨンファ
ドキュメンタリー	다큐멘터리 タキュメントリ	SF映画	에스에프 영화 エスエプ　ヨンファ
フィクション	픽션 ピクション	アニメーション	애니메이션 エニメイション
ファンタジー	판타지 パンタジ	あらすじ	줄거리 チュルゴリ
ホラー	공포 コンポ	ネタバレ	스포일러 スポイルロ
スリラー	스릴러 スリルロ	口コミ	입소문 イプソムン
ミステリー	미스터리 ミストリ	レビュー	리뷰 リビュ

配給会社	배급사 ペグッサ	外国映画	외국영화 ウェグンニョンファ
製作費	제작비 チェジャクピ		外国と映画の間にㄴが挿入され(p.28)、さらにパッチムㄱが鼻音化して[외궁녕화(ウェグンニョンファ)]と発音します。
制作発表会	제작 발표회 チェジャク パルピョフェ	字幕	자막 チャマク
試写会	시사회 シサフェ	吹き替え	더빙 トビン
予告編	예고편 イェゴピョン	声優	성우 ソンウ
公開	개봉 ケボン	国際映画祭	국제 영화제 クッチェ ヨンファジェ
映画館	극장 クッチャン	アカデミー賞	아카데미상 アカデミサン
舞台挨拶	무대 인사 ムデ インサ	カンヌ	칸 カン
興行成績	흥행 성적 フンヘン ソンジョク	授賞式	시상식 シサンシク
観客動員数	관객 동원수 クァンゲッ トンウォンス	レッドカーペット	레드 카펫 レドゥ カペッ

上映館	상영관 サンヨングァン	IMAX	아이맥스 アイメクス

| 上映
スケジュール | 상영 시간표
サンヨン シガンピョ | 韓国映画 | 한국 영화
ハングン ニョンファ |

間に ㄴ が挿入され(p.28)、さらに
パッチム ㄱ が鼻音化して[한궁 녕화
(ハングン ニョンファ)]と発音します。

| 前売券 | 예매권
イェメックォン |

権は習慣的に濁らず
[예매권(イェメックォン)]と
発音します。

| 日本映画 | 일본 영화
イルボン ニョンファ |

| チケット
売り場 | 매표소
メピョソ | ハリウッド
映画 | 할리우드 영화
ハルリウドゥ ヨンファ |

| 売店 | 매점
メジョム | リメイク版 | 리메이크 판
リメイク パン |

| ポップコーン | 팝콘
パプコン | リバイバル | 리바이벌
リバイボル |

| 2D映画 | 투디 영화
トゥディ ヨンファ |

● 韓国の映画料金

　韓国の映画館には、日本の映画館のレディスデーのような割引はありませんが、たいてい早朝割引が設定されています。

| 3D映画 | 쓰리디 영화
ッスリディ ヨンファ |

　時間帯のほか、平日か週末かによっても料金が異なり、週末の料金のほうが高めです。

数字部分を韓国語(漢数字)読みにして
「2D」=이디(イディ)、「3D」=삼디
(サムディ)ともいいます。

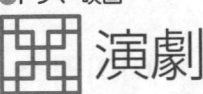

●ドラマ・映画

演劇

演劇	연극 ヨングゥ	戯曲	희곡 ヒゴゥ
舞台	무대 ムデ	京劇	경극 キョングゥ
公演	공연 コンヨン	歌舞伎	가부키 カブキ
ミュージカル	뮤지컬 ミュジコル	仮面劇	가면극 カミョングゥ
オペラ	오페라 オペラ	人形劇	인형극 イニョングゥ
バレエ	발레 パルレ	唱劇	창극 チャングゥ
古典劇	고전극 コジョングゥ	新派劇	신파극 シンパグゥ

●韓国の伝統演劇

「唱劇」は、パンソリ（p.200参照）を中心にして演劇的な対話を取り入れて演じる伝統的演劇です。「新派劇」は、古典劇のあとに登場した、風俗・人情・悲話などの通俗的な内容を扱った演劇ですが、最近では「お涙ちょうだい的だ」という意味で否定的に使われることが多いです。

小劇場	소극장 ソグッチャン	開演時間	공연 시작 시간 コンヨン シジャク シガン
パンフレット	팜플릿 パムプルレッ	休憩時間	휴식 시간 ヒュシク シガン
音響	음향 ウミャン	初演	초연 チョヨン
照明	조명 チョミョン	再演	재연 チェヨン
舞台装置	무대 장치 ムデ ジャンチ	名演技	명연기 ミョンヨンギ
幕	막 マク	カーテン コール	커튼콜 コトゥンコル
上手 (かみて)	오른쪽 オルンチョク	拍手	박수 パクス
下手 (しもて)	왼쪽 ウェンチョク	歓声	환성 ファンソン
観客席	관객석 クァンゲッソク		
座席番号	좌석번호 チャソクボノ		

● 演劇の街、大学路

　かつてソウル大学があった大学路　대학로 (テハンノ) は、100軒以上の小劇場が密集する演劇の街として有名です。

●観光

韓国の名所

ソウルの名所			
		駱山公園	**낙산공원** ナッサンゴンウォン
国立中央 博物館	**국립중앙박물관** クンニゥチュンアンバンムルグァン	梨花洞 壁画村	**이화동 벽화마을** イファドン ビョクァマウル
		明洞 ナンタ劇場	**명동 난타극장** ミョンドン ナンタグゥチャン
国立民俗 博物館	**국립 민속 박물관** クンニゥ ミンソゥ パンムルグァン	忠武 アートセンター	**충무아트센터** チュンムアトゥセント
光化門広場	**광화문 광장** クァンファムン グァンジャン	K Style Hub	**케이스타일허브** ケイスタイルホブ
清渓広場	**청계광장** チョンゲグァンジャン	コリアハウス	**한국의 집** ハングゲ ジヮ
景福宮	**경복궁** キョンボックン	南山公園	**남산공원** ナムサンゴンウォン
徳寿宮	**덕수궁** トクスグン	南山韓屋村	**남산골 한옥 마을** ナムサンゴル ハノゥ マウル
昌徳宮	**창덕궁** チャンドゥクン		

> 国립（国立）はパッチム ㄱ と
> 次の子音 ㄹ が鼻音化して
> ［궁립（クンニゥ）］と発音します。

> 한옥 마을（韓屋村）は分かち書き
> しますが、発音するときは、
> 옥のパッチム ㄱ が鼻音化します。

212

崇礼門	숭례문 スンネムン	北漢山 国立公園	북한산 국립공원 プカンサン クンニ゚ゴンウォン

숭のパッチムㅇの次の子音ㄹが鼻音化して［숭녜문（スンネムン）］と発音。崇礼門の通称は「南大門」です。

북한산（北漢山）は、북のパッチムㄱと次の子音のㅎが激音化して［부칸산（プカンサン）］と発音します。

東大門 デザインプラザ	동대문 トンデムン 디자인플라자 ディジャインプルラジャ	板門店	판문점 パンムンジョム
聖水洞 カフェ通り	성수동 카페거리 ソンスドン　カペゴリ	中部市場	중부시장 チュンブシジャン
ソウルの森	서울 숲 ソウル　スプ	南大門市場	남대문시장 ナムデムンシジャン
韓国 戦争記念館	한국 전쟁 기념관 ハングッ チョンジェン ギニョムグァン	東大門 総合市場	동대문 종합시장 トンデムン　ジョンハプシジャン
漢江公園	한강공원 ハンガンゴンウォン	光熙市場	광희시장 クァンヒシジャン
仙遊島公園	선유도공원 ソニュドゴンウォン	鷺梁津 水産市場	노량진 수산시장 ノリャンジン スサンシジャン
SMTOWN@ coexartium	에스엠타운@ エスエムタウン エッ 코엑스아티움 コエクスアティウム	広蔵市場	광장시장 クァンジャンシジャン
ロッテ ワールド	롯데월드 ロッテウォルドゥ	ソウル 薬令市場	서울 약령시장 ソウル ヤンニョンシジャン

釜山	海雲台	해운대 ヘウンデ
	東莱温泉	동래온천 トンネオンチョン
	동래(東莱)は、동のパッチム○の次の子音ㄹが鼻音化して[동내(トンネ)]と発音します。	
	広安里 海水浴場	광안리 クァンアルリ 해수욕장 ヘスヨクチャン
	광안리(広安里)は、안のパッチムㄴが側音化して[광알리(クァンアルリ)]と発音します。	
	チャガルチ 市場	자갈치시장 チャガルチシジャン
大邱	83タワー	83타워 パルサムタウォ
仁川	チャイナ タウン	차이나타운 チャイナタウン
	江華島 高麗山	강화도 고려산 カンファド コリョサン
光州	5.18 記念公園	518기념공원 オイルパルギニョムゴンウォン
大田	儒城温泉	유성온천 ユソンオンチョン
蔚山	蔚山倭城	울산왜성 ウルサンウェソン
京畿道	龍仁 エバーランド	용인 에버랜드 ヨンイン エボレンドゥ
	大長今 パーク	대장금파크 テジャングムパク
	人気時代劇ドラマを撮影するためのオープンセットが見学できます。	
江原道	南怡島	남이섬 ナミソム
	鏡浦 海水浴場	경포 해수욕장 キョンポ ヘスヨクチャン
忠清北道	忠州湖	충주호 チュンジュホ
	清州 上党山城	청주 상당산성 チョンジュ サンダンサンソン

忠清南道	独立記念館	독립기념관 トンニプキニョムグァン
忠清南道	百済王陵園	백제왕릉원 ペクチェワンヌンウォン

> 왕릉(王陵)は、왕のパッチム
ㅇの次の子音ㄹが鼻音化して
[왕능(ワンヌン)]と発音します。

全羅北道	全州韓屋村	전주 한옥마을 チョンジュ ハノンマウル
全羅北道	韓紙博物館	한지박물관 ハンジパンムㇽグァン
全羅南道	儒達山	유달산 ユダㇽサン
全羅南道	珍島	진도 チンド
全羅南道	順天 ドラマ撮影場	순천 드라마 スンチョンドゥラマ 세트장 セトゥジャン
全羅南道	智異山 国立公園	지리산 チリサン 국립공원 クンリプコンウォン
慶尚北道	安東河回村	안동 하회마을 アンドン ハフェマウㇽ

慶尚北道	九龍浦 歴史通り	구룡포 クリョンポ 역사거리 ヨクサゴリ
慶尚北道	晋州城	진주성 チンジュソン
慶尚南道	密陽嶺南楼	밀양 영남루 ミリャン ヨンナムヌ

> 영남루(嶺南楼)は、남のパッチムㅁ
の次の子音ㄹが鼻音化して
[영남누(ヨンナムヌ)]と発音します。

慶尚南道	統営弥勒島	통영 미륵도 トンヨン ミルクト
慶尚南道	帝皇山公園	제황산공원 チェファンサンゴンウォン
済州	龍頭岩	용두암 ヨンドゥアム
済州	天地淵瀑布	천지연폭포 チョンジヨンポクポ
済州	如美地 植物園	여미지식물원 ヨミジシンムルォン

> 식물원(植物園)は、ㅁの前の
パッチムㄱが鼻音化して[싱무
뤈(シンムルォン)]と発音します。

観光地で

観光旅行	관광 여행 クァングァン ニョヘン	旅行日程	여행 일정 ヨヘン ニルチョン

> 観光と여행の間にㄴが挿入され
(p.28)、[관광 녀행 (クァングァン
ニョヘン)] と発音します。

> 여행と일정の間にㄴが挿入され(p.28)、
さらに정が濃音化して[여행 닐쩡
(ヨヘン ニルチョン)] と発音します。

観光地	관광지 クァングァンジ	パッケージ 旅行	패키지 여행 ペキジ ヨヘン
観光名所	관광 명소 クァングァン ミョンソ	オプショナル ツアー	옵션 투어 オプション トゥオ
観光案内所	관광 안내소 クァングァン アンネソ	日帰りツアー	당일 투어 タンイル トゥオ
現地案内員	현지 안내원 ヒョンジ アンネウォン	1泊2日	일박이일 イルバギイル
ツアーガイド	투어 가이드 トゥオ ガイドゥ	観光地図	관광 지도 クァングァン ジド
通訳ガイド	통역 가이드 トンヨク カイドゥ	地図アプリ	지도 앱 チド エプ
観光コース	관광 코스 クァングァン コス	翻訳アプリ	번역 앱 ポニョゲプ

入場料	입장료 イプチャンニョ	遊覧船	유람선 ユラムソン

> 장のパッチム○の次の子音ㄹが鼻音化して[입짱뇨 (イプチャンニョ)]と発音します。

大人料金	어른 요금 オルン　ニョグム	レンタカー	렌터카 レントカ

> 어른と요금の間にㄴが挿入され(p.28)、[어른 뇨금
(オルン ニョグム)]と発音します。

子供料金	어린이 요금 オリニ　　ヨグム	世界遺産	세계유산 セゲユサン
団体割引	단체 할인 タンチェ　ハリン	記念碑	기념비 キニョムビ
展示物	전시물 チョンシムル	写真	사진 サジン
観覧順序	관람 순서 クァルラム　スンソ	自撮り	셀카 セルカ

> 관람 (観覧) は、ㄹの前のパッチムㄴが側音化して[괄람 (クァルラム)]と発音します。

音声案内	음성 안내 ウムソン　アンネ	体験コース	체험 코스 チェホム　コス
		韓服体験	한복 체험 ハンボク　チェホム
		テコンドー体験	태권도 체험 テクォンド　チェホム
		キムチ作り	김치 만들기 キムチ　マンドゥルギ

●美容

 エステ・整形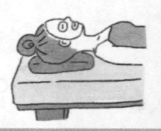

エステ	에스테틱
	エステティク

スキンケア	피부 관리
	ピブ グァルリ

> 漢字で書くと「皮膚管理」。管理（管理）は、ㄹの前のパッチムㄴが側音化して [괄리（グァルリ）] と発音します。

美白	미백
	ミベク

肌のタイプ	피부 타입
	ピブ タイプ

肌のきめ	피부결
	ピブギョル

肌の弾力	피부 탄력
	ピブ タルリョク

> 弾力（弾力）は、ㄹの前のパッチムㄴが側音化して [탈력（タルリョク）] と発音します。

肌荒れ	피부 거침
	ピブ ゴチム

毛穴	모공
	モゴン

くすみ	잡티
	チャプティ

くま	다크서클
	タクソクル

そばかす	주근깨
	チュグンッケ

にきび	여드름
	ヨドゥルム

しみの予防	기미 예방
	キミ イェバン

角質除去	각질 제거
	カクチル ジェゴ

ほうれい線	코입술주름
	コイプスルチュルム

しわ	주름
	チュルム

顔のたるみ	얼굴 처짐 オルグル　チョジム	目尻切開	뒤트임 トゥイトゥイム
レモンパック	레몬 팩 レモン　ペク	がんけん かすい 眼瞼下垂	안검 하수 アンゴム　ハス
韓方エステ	한방 에스테 ハンバン　エステ	眉毛の タトゥー	눈썹 문신 ヌンソム　ムンシン
整形手術	성형수술 ソンヒョンススル	歯の矯正	치아교정 チアギョジョン
一重まぶた	홑꺼풀 ホッコプル	角ばった顎	사각턱 サガクトク
二重まぶた	쌍꺼풀 ッサンコプル	ほくろの 除去	점 제거 チョムジェゴ
埋没法	매몰법 メモルポプ	ボトックス	보톡스 ボトクス
법は習慣的に濁らず濃音化して ［매몰뻡（メモルポプ）］と 発音します。		脂肪除去	지방 제거 チバン　ジェゴ
切開法	절개법 チョルゲポプ	フィラー （注入治療）	필러 ピルロ
目頭切開	앞트임 アプトウイム	豊胸	유방확대 ユバンファクテ

サウナ・マッサージ

銭湯	목욕탕 モギョクタン	汗蒸幕	한증막 ハンジュンマク
男湯	남탕 ナムタン	スパ	스파 スパ
女湯	여탕 ヨタン	湿式サウナ	습식 사우나 スプシク サウナ
熱湯風呂	열탕 ヨルタン	黄土サウナ	황토 사우나 ファント サウナ
温湯風呂	온탕 オンタン	麦飯石 サウナ	맥반석 사우나 メクパンソク サウナ
水風呂	냉탕 ネンタン	遠赤外線 サウナ	원적외선 사우나 ウォンジョグェソン サウナ
サウナ	사우나 サウナ	よもぎ蒸し	쑥찜 ッスクチム
サウナガウン	사우나 가운 サウナ ガウン		
チムジルバン	찜질방 ッチムジルバン		

●泊まれるサウナ

「チムジルバン」は、大型銭湯の付属サウナ。24時間営業のところがほとんどで、宿泊施設代わりにもよく利用されます。

足湯	족욕 チョギョク	あかすり タオル	때수건 ッテスゴン
半身浴	반신욕 パンシンニョク	リンパ マッサージ	림프 마사지 リムプ　マサジ
反신と욕の間にㄴが挿入され （p.28）、[반신뇩（パンシンニョク）] と発音します。		経絡 マッサージ	경락 마사지 キョンナク　マサジ
効能	효능 ヒョヌン	경락（経絡）は、경のパッチムㅇの 次の子音ㄹが鼻音化し、 [경낙（キョンナク）]と発音します。	
汗	땀 ッタム	アロマ マッサージ	아로마 마사지 アロマ　マサジ
こり	결림 キョルリム	フットケア	발 관리 パル　グァルリ
新陳代謝	신진대사 シンジンデサ	足つぼ	발바닥 경혈 パルパダク キョンヒョル
血液循環	혈액순환 ヒョレクスヌァン	骨盤矯正	골반 교정 コルバン ギョジョン
老廃物	노폐물 ノペムル	睡眠室	수면실 スミョンシル
あかすり	때밀이 ッテミリ	料金表	요금표 ヨグムピョ

美容院・ネイルサロン

美容院	미용실 ミヨンシル
美容師	미용사 ミヨンサ
カット	커트 コトゥ

> 「カット」はこのほか、컷 (コッ)、컷트 (コットゥ) といわれることもあります。

セット	세팅 セティン
パーマ	파마 パマ

> 파마を短縮した펌 (ポム) も使われます。

ストレートパーマ	스트레이트 파마 ストゥレイトゥ パマ
くせ毛	곱슬머리 コプスルモリ

カラー	염색 ヨムセク
白髪染め	흰머리 염색 ヒンモリ ヨムセク
ヘアマニキュア	헤어 매니큐어 ヘオ メニキュオ
髪型	헤어 스타일 ヘオ スタイル
ショート	단발 머리 タンバル モリ
ロング	긴 머리 キン モリ
アップ	올림머리 オルリムモリ
前髪	앞머리 アムモリ

> 앞のパッチムㅍが鼻音化して、[암머리 (アムモリ)] と発音します。

まつ毛 パーマ	속눈썹 파마 ソンヌンソプ パマ		キューティクル オイル	큐티클 오일 キュティクル オイル

まつエク	속눈썹 연장 ソンヌンソプ ヨンジャン		爪やすり	네일 파일 ネイル パイル
ネイルサロン	네일 살롱 ネイル サルロン		付け爪	인조 손톱 インジョ ソントプ
ネイリスト	네일 미용사 ネイル ミヨンサ		ネイルチップ	네일 팁 ネイル ティプ
ネイルアート	네일아트 ネイラトゥ		グリッター	글리터 クルリト
爪の手入れ	손톱 손질 ソントプ ソンジル		ラメ	반짝이 パンチャギ
甘皮	큐티클 キュティクル		ストーン	스톤 ストン
ささくれ	손거스러미 ソンコスロミ		ジェルネイル	젤 네일 チェル ネイル
			塗る	바르다 パルダ
			乾かす	말리다 マルリダ

 ●娯楽

占い

運勢	운세 ウンセ	四柱	사주 サジュ
運命	운명 ウンミョン	血液型占い	혈액형 운세 ヒョレキョン ウンセ
占い	점 チョム	タロットカード	타로 카드 タロ カドゥ
占い師	점쟁이 チョムジェンイ	星占い	별자리 운세 ピョルジャリ ウンセ
占いカフェ	사주 카페 サジュ カペ	生年月日	생년월일 センニョヌォリル
手相	손금 ソンクム	開運	개운 ケウン

> 금は習慣的に濁らず濃音化して
> [손끔 (ソンクム)] と発音します。

金運	금전운 クムジョヌン
人相	관상 クァンサン	健康運	건강운 コンガンウン
風水	풍수 プンス	仕事運	직장운 チクチャンウン

恋愛運	연애운 ヨネウン	たつ年	용띠 ヨンティ
相性	궁합 クンハプ	へび年	뱀띠 ペムティ
お守り	부적 プジョク	うま年	말띠 マルティ
干支占い	띠별 운세 ッティビョルンセ	ひつじ年	양띠 ヤンティ
干支	간지 カンジ	さる年	원숭이띠 ウォンスンイッティ
十二支	십이지 シビジ	とり年	닭띠 タクティ
ねずみ年	쥐띠 チュイッティ	いぬ年	개띠 ケッティ
うし年	소띠 ソッティ	いのしし年	돼지띠 トェジッティ
とら年	범띠 ポムティ	厄年	삼재 サムジェ
うさぎ年	토끼띠 トッキッティ	厄払い	액땜 エクテム

カラオケ

カラオケ	노래방 ノレバン	操作方法	조작법 チョジャクポプ
コイン カラオケ	코인 노래방 コイン・ノレバン	収録曲	수록곡 スロクコク
カラオケ機	반주기 バンジュギ	曲検索	노래 검색 ノレ ゴムセク
先払い	선불 ソンブル	歌手名	가수명 カスミョン
後払い	후불 フブル	曲名	곡명 コンミョン
歌本	노래방책 ノレバンチェク		

> ㅁの前のパッチムㄱが鼻音化して
> [공명（コンミョン）]と発音します。

マイク	마이크 マイク	時代別 人気曲	시대별 인기곡 シデビョル インキゴク
スピーカー	스피커 スピコ	デュエット曲	듀엣곡 トュエッコク
リモコン	리모콘 リモコン	新曲案内	선곡 안내 ソンゴガンネ

人気チャート	**인기차트** インキチャトゥ		低く	**낮춤** ナッチュム

인기（人気）の기は習慣的に
濁らず濃音化して
［인끼（インキ）］と発音します。

予約	**예약** イエヤク		女性キー	**여자 키** ヨジャ　キ
歌番号	**노래 번호** ノレ　ボノ		男性キー	**남자 키** ナムジャ　キ
選曲ボタン	**선곡 버튼** ソンゴク　ポトゥン		歌のテンポ	**노래 속도** ノレ　ソクト
スタートボタン	**시작 버튼** シジャク　ポトゥン		速く	**빨라짐** ッパルラジム
間奏ジャンプ	**간주 점프** カンジュ　ジョムプ		遅く	**느려짐** ヌリョジム
予約取り消し	**예약 취소** イエヤク　チュイソ		コーラス	**코러스** コロス
音程	**음정** ウムジョン		採点機能	**채점 기능** チェチョム　ギヌン

채점（採点）の점は習慣的に濁らず
濃音化して［채쩜（チェチョム）］と
発音します。

高く	**높임** ノピム		残り時間	**남은 시간** ナムン　シガン

カジノ・賭け事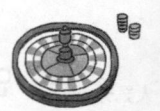

カジノ	**카지노** カジノ	ディーラー	**딜러** ティルロ
スロット マシーン	**슬롯머신** スロンモシン	チップ	**칩** チプ
ロの前のパッチムㅅ（発音は [t]）が 鼻音化して（p.26）［슬론머신 （スロンモシン）］と発音します。		賭け	**베팅** ペティン
テーブル ゲーム	**테이블 게임** テイブル　ゲイム	掛け金	**판돈** パントン
ルーレット	**룰렛** ルルレッ	ひと勝負	**한판** ハンパン
ポーカー	**포커** ポコ	オールイン	**올인** オリン
ブラック ジャック	**블랙잭** ブルレクチェク	賭博	**도박** トバク
バカラ	**바카라** パカラ	ばくち打ち	**노름꾼** ノルムクン
トランプ	**트럼프** トゥロムプ	いかさま師	**타짜** タッチャ

さいころ	주사위 チュサウィ	競艇	경정 キョンジョン
花札	화투 ファトゥ	モーター ボート	모터보트 モトボトゥ
花札ゲーム	고스톱 コストァ	競輪	경륜 キョンニュン

경のパッチム○の次の子音ㄹが
鼻音化して、[경늄（キョンニュン）]
と発音します。

麻雀	마작 マジャク		
麻雀パイ	마작패 マジャクペ	トラック	트랙 トゥレク
宝くじ	복권 ポックォン	1周	1 바퀴 ハンバクィ
ロト	로또 ロット	競馬	경마 キョンマ
当選金	당첨금 タンチョムグム	騎手	기수 キス
当たり	당첨 タンチョム	ダート走路	더트 주로 トトゥ ジュロ
外れ	꽝 ックァン	芝走路	잔디 주로 チャンディ ジュロ

趣味

趣味	**취미** チュイミ	編み物	**뜨개질** ットゥゲジル
読書	**독서** トゥソ	棒針編み	**대바늘뜨기** テバヌルトゥギ
茶道	**다도** タド	レース編み	**레이스 뜨기** レイスットゥギ
お茶の儀式 （茶礼）	**다례** タレ	将棋	**장기** チャンギ
生け花	**꽃꽂이** ッコッコジ	囲碁	**바둑** パドゥク
書道	**서예** ソイェ	手品	**마술** マスル
陶芸	**도예** トイェ	折り紙	**종이접기** チョンイジョプキ
手芸	**수예** スイェ	切手収集	**우표 수집** ウピョ スジプ
裁縫	**바느질** パヌジル	プラモデル	**프라모델** プラモデル

木工	목공 モクコン	お菓子作り	과자 만들기 クァジャ マンドゥルギ
ガーデニング	원예 ウォネ	アロマテラピー	아로마테라피 アロマテラピ
スポーツ観戦	스포츠 관전 スポチュグァンジョン	ゲーム	게임 ケイム
映画鑑賞	영화 감상 ヨンファ ガムサン	ダンス	댄스 テンス
音楽鑑賞	음악 감상 ウマゥ カムサン	ヨガ	요가 ヨガ
絵画鑑賞	그림 감상 クリム ガムサン	太極拳	태극권 テグックォン
観劇	관극 クァングゥ	散歩	산책 サンチェク
英会話	영어 회화 ヨンオ フェファ	ジョギング	조깅 チョギン
マンガ描き	만화 쓰기 マヌァ ッスギ	サイクリング	사이클링 サイクルリン
写真撮影	사진 촬영 サジン チャリョン	一人旅	혼자 여행 ホンジャ ヨヘン

恋愛全般

恋愛	연애 ヨネ		男女	남녀 ナムニョ
愛	사랑 サラン		同性愛	동성애 トンソンエ
男心	남심 ナムシム		ボーイフレンド （彼氏）	남친 ナムチン
女心	여심 ヨシム		남친は「男友達」남자친구 （ナムジャチング）の略です。	
恋人	애인 エイン		ガールフレンド （彼女）	여친 ヨチン
キス	키스 キス		여친は「女友達」여자친구 （ヨジャチング）の略です。	
セックス	섹스 セクス		元カレ	전 남친 チョン ナムチン
			元カノ	전 여친 チョン ニョチン
			独身	독신 トクシン

●位置で文字が変わる「女」

「女心」＝여심（ヨシム）、「男女」＝남녀（ナムニョ）のように、「女」は、語頭では여（ヨ）に、語中では녀（ニョ）になります。

末婚	미혼 ミホン	いない暦	모태솔로 モテソルロ

漢字の「母胎」と英語の「solo」を組み合わせた新造語です。

既婚者	기혼자 キホンジャ		
人妻	유부녀 ユブニョ	マザコン	마마보이 ママボイ

漢字で書くと「有夫女」です。

		ファザコン	파파걸 パパゴル
既婚男性	유부남 ユブナム	年下の男性	연하남 ヨナナム

漢字で書くと「有婦男」です。

		年上の女性	연상녀 ヨンサンニョ
バツイチ	돌싱 トルシン	シングル マザー	싱글맘 シングルマム

돌싱は「戻ってきたシングル」돌아온 싱글(トラオン シングル)を縮めた新造語です。

		シングル ファーザー	싱글대디 シングルデディ
浮気者	바람둥이 パラムドゥンイ	妻子	처자식 チョジャシク
遊び人	날라리 ナルラリ	同姓不婚	동성불혼 トンソンブロン

●恋愛

出会い

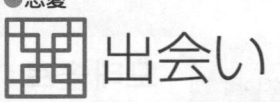

出会い	만남 マンナム	片思い	짝사랑 ッチャクサラン
お見合い	선 ソン	純愛	순애 スネ
合コン	미팅 ミティン	第一印象	첫인상 チョディンサン
紹介	소개팅 ソゲティン		첫はパッチムㅅの発音が例外的に [t] のまま連音化するため、[처딘상 （チョディンサン）] と発音します。
ひと目ぼれ	한눈에 반함 ハンヌネ　バナム	理想の タイプ	이상형 イサンヒョン
ナンパ	헌팅 ホンティン	私の好み	내 스타일 ネ　スタイル
出会い系 サイト	만남 사이트 マンナム　サイトゥ	社内恋愛	사내 연애 サネ　ヨネ
婚活	결혼 활동 キョロン　ファルトン	年の差	나이 차이 ナイ　チャイ
初恋	첫사랑 チョッサラン	魅力	매력 メリョク

好感	호감 ホガム	幼なじみ	소꿉친구 ソックプチング
親近感	친근감 チングンガム	恋愛相談	연애 상담 ヨネ　サンダム
ときめき	설렘 ソルレム	ラブレター	러브레터 ロブレト
胸キュン	심쿵 シムクン	デートの 申し込み	데이트 신청 テイトゥ　シンチョン
恋わずらい	상사병 サンサピョン	駆け引き	밀당 ミルタン
嫉妬	질투 チルトゥ		밀당は、「押す」밀다（ミルダ）と 「引く」당기다（タンギダ）という2つ の動詞をくっつけた新造語です。
ライバル	라이벌 ライボル	告白	고백 コベク
ただの友達	친구 사이 チング　サイ	失恋	실연 シリョン
友達以上 恋人未満	썸 ッソム	デート	데이트 テイトゥ
	썸は、英語の「something」が もとになった新造語です。	スキンシップ	스킨십 スキンシプ

交際〜ゴールイン

交際	교제 キョジェ	同棲	동거 トンゴ
熱愛	열애 ヨレ	痴話げんか	사랑 싸움 サラン サウム
100日記念	백일 ペギル	親の反対	부모의 반대 プモエ パンデ

> 韓国では、つき合ってから100日目というのは、カップルにとってとても大切な記念日です。

		婚期	혼기 ホンギ
抱擁	포옹 ポオン	プロポーズ	프로포즈 プロポジュ
ハグ	허그 ホグ	求婚	청혼 チョンホン
ファーストキス	첫키스 チョッキス	婚約	약혼 ヤコン

> 약のパッチムㄱと次の子音ㅎが激音化して[야콘（ヤコン）]と発音します。

口づけ	입맞춤 イムマッチュム

> ㅁの前のパッチムㅂが鼻音化し、[임맏춤（イムマッチュム）]と発音します。

		フィアンセ	약혼자 ヤコンジャ

結婚の顔合わせ	상견례 サンギョンネ	新婚旅行	신혼여행 シノンニョヘン

상견 (相見) +례 (礼)と2語の場合、側音化せずに鼻音化して [상견녜 (サンギョンネ)] と発音します。

신혼と여행の間にㄴが挿入され (p.28)、ㅎが弱音化して [시논녀행 (シノンニョヘン)] と発音します。

結婚	결혼 キョロン	ハネムーン	허니문 ホニムン
結婚式	결혼식 キョロンシク	恋愛結婚	연애결혼 ヨネギョロン
婚姻届	혼인 신고 ホニン　シンゴ	お見合い結婚	중매결혼 チュンメギョロン
媒酌人	중매인 チュンメイン	国際結婚	국제결혼 クッチェギョロン
新郎	신랑 シルラン	デキ婚	속도위반 ソクトウィバン
新婦	신부 シンブ	新妻	새색시 セセクシ
夫の実家	시집 シジプ	妊娠	임신 イムシン
妻の実家	친정 チンジョン	避妊	피임 ピイム

第**6**章　楽しむ・遊ぶ

●恋愛
破局～別れ

倦怠期	권태기 クォンテギ		三角関係	삼각관계 サムガックァンゲ
夫婦げんか	부부싸움 ププッサウム		二股	양다리 ヤンダリ
嫁姑問題	고부 갈등 コブ ガルトゥン		妻を疑う癖	의처증 ウィチョチュン
嫁いびり	시집살이 シジッサリ		夫を疑う癖	의부증 ウィブチュン
不信感	불신감 プルシンガム		本心	속마음 ソンマウム
心変わり	변심 ピョンシム			ㅁの前のパッチムㄱが鼻音化して [송마음 (ソンマウム)] と発音します。
浮気心	바람기 パラムキ		嘘	거짓말 コジンマル
裏切り	배신 ペシン			ㅁの前のパッチムㅅ (発音は [t]) が鼻音化して [거진말 (コジンマル)] と発音します。
復讐	복수 ポクス		言い訳	변명 ピョンミョン

誘惑	유혹 ユホク	別れ	이별 イビョル
不倫	불륜 プルリュン	死別	사별 サビョル
性格の 不一致	성격 차이 ソンキョク チャイ	未練	미련 ミリョン
別れ話	이별이야기 イビョルリヤギ	ストーカー	스토커 ストコ

이별と이야기の間にㄴが挿入され（p.28）、
ㄹの次のㄴが側音化して［이별리야기
（イビョルリヤギ）］と発音します。

		後悔	후회 フフェ
婚約破棄	파혼 パホン	思い出	추억 チュオク
別居	별거 ピョルゴ	慰謝料	위자료 ウィジャリョ
離婚	이혼 イホン	養育費	양육비 ヤンユッピ
熟年離婚	황혼이혼 ファンホニホン	養育権	양육권 ヤンユックォン
離婚届	이혼신고 イホンシンゴ	再婚	재혼 チェホン

第6章 楽しむ・遊ぶ

一度は体験したいサムルノリ

　韓国語の学習者には、K-POPファンの方がたくさんいらっしゃいますが、たまには韓国の古典音楽はいかがでしょうか。K-POPにも負けない力強さとリズムが楽しめる「サムルノリ（**사물놀이** サムルロリ）」をお勧めします。

※韓国語での発音は「サムルロリ」ですが、日本では「サムルノリ」と呼ばれています。

　サムルノリは「サムル（四物）ノリ（遊び）」という意味です。豊作祈願や収穫の祝いのために、演奏したり踊ったりする農楽をもとに、農楽で使われる楽器のうち4つを使って、舞台用にアレンジしたものです。ダイナミックなパフォーマンスが人気を呼び、韓国の伝統音楽を世界に知らしめたことで、高く評価されています。

●サムルノリで使われる4つの楽器

꽹과리：金属の小さなドラで、雷を表す甲高い音が鳴ります。
（ッケングァリ）

징：金属の大きなドラで、風を表す低く長く伸びる音です。
（チン）

장구：鼓の形をした太鼓で、雨の音を表します。
（チャング）

북：一般的な形の太鼓で、雲を表します。
（ブク）

　農楽やサムルノリは、韓国民俗村や古典音楽や伝統舞踊専門の貞洞劇場などで見ることができますが、日本でも来日公演がありますので、ぜひチェックしてみてください。

第 **7** 章

生活

●人
家族・人間関係

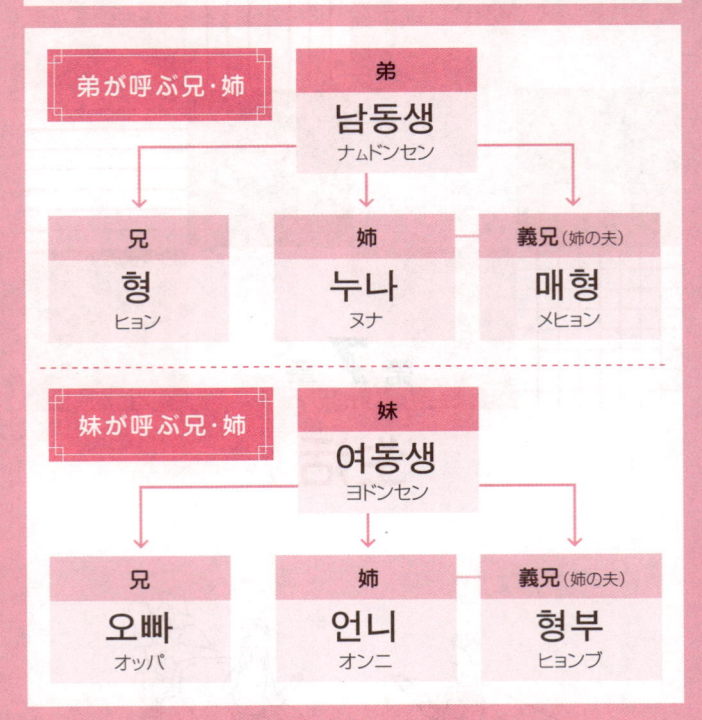

弟が呼ぶ兄・姉	弟 **남동생** ナムドンセン	
兄 **형** ヒョン	姉 **누나** ヌナ	義兄（姉の夫） **매형** メヒョン

妹が呼ぶ兄・姉	妹 **여동생** ヨドンセン	
兄 **오빠** オッパ	姉 **언니** オンニ	義兄（姉の夫） **형부** ヒョンブ

●ちょっと複雑な家族の呼び方

韓国語では、兄や姉の呼び名、さらに姉の夫（義兄）の呼び名までも、弟からなのか妹からなのかによって異なりますが、兄の妻（義姉）の場合は、弟・妹に関係なく**형수**（ヒョンス）と呼びます。また、祖父・祖母・おじ・おばの呼び方は、自分の父方か母方かによって異なります。

父方の親戚

祖父	祖母
할아버지	할머니
ハラボジ	ハルモニ

おば（父の姉妹）	**伯父**（父の兄）	**叔父**（父の弟）
고모	큰아버지	작은아버지
コモ	クナボジ	チャグナボジ

血縁関係ではない「おじさん」「おばさん」はそれぞれ**아저씨**（アジョッシ）、**아주머니**（アジュモニ）といいます。

父	母
아버지	私
アボジ	

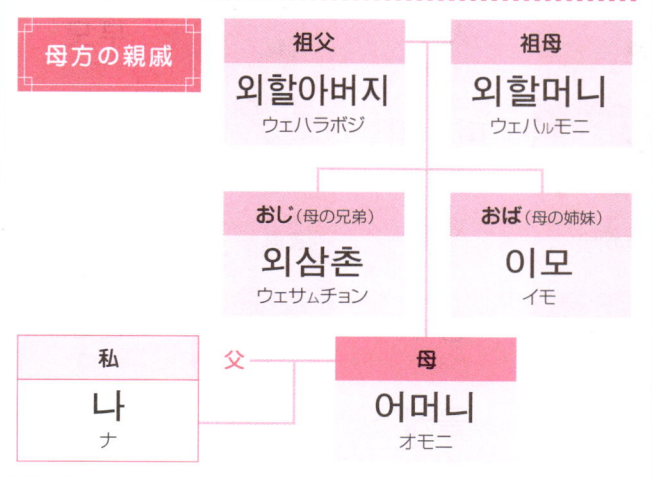

母方の親戚

祖父	祖母
외할아버지	외할머니
ウェハラボジ	ウェハルモニ

おじ（母の兄弟）	**おば**（母の姉妹）
외삼촌	이모
ウェサムチョン	イモ

私		父	母
나			어머니
ナ			オモニ

家族	가족 カジョク	継母	새어머니 セオモニ
夫	남편 ナムピョン	孫（男）	손자 ソンジャ
妻	아내 アネ	孫（女）	손녀 ソンニョ
息子	아들 アドゥル	舅 しゅうと	시아버지 シアボジ
娘	딸 ッタル	姑	시어머니 シオモニ
婿	사위 サウィ	両親	부모 プモ
嫁	며느리 ミョヌリ	夫婦	부부 プブ
弟の嫁	제수 チェス	長男	큰아들 クナドゥル
兄の嫁	형수 ヒョンス	長女	큰딸 クンタル
男兄弟の嫁 （女性から見て）	올케 オルケ	一人息子	외아들 ウェアドゥル

兄弟	형제 ヒョンジェ	同級生	동창 トンチャン
姉妹	자매 チャメ	先輩	선배 ソンベ
親戚	친척 チンチョク	後輩	후배 フベ
いとこ	사촌 サチョン	同僚	동료 トンニョ
甥・姪	조카 チョカ		
赤ちゃん	아기 アギ	上司	상사 サンサ
大人	어른 オルン	部下	부하 プハ
老人、 シニア	노인 ノイン	目上の人	윗사람 ウィッサラム
友達	친구 チング	目下の人	아랫사람 アレッサラム
幼なじみ	소꿉친구 ソックプチング	知人	아는 사람 アヌン　サラム

> パッチム ○ の次の子音 ㄹ が
> 鼻音化して
> ［동뇨（トンニョ）］と発音します。

職業	직업 チゴプ	警察官	경찰관 キョンチャルグァン
会社員	회사원 フェサウォン	検事	검사 コムサ
公務員	공무원 コンムウォン	弁護士	변호사 ピョノサ
事務員	사무원 サムウォン	会計士	회계사 フェゲサ
秘書	비서 ピソ	銀行員	은행원 ウネンウォン
セールスマン	외판원 ウェパヌォン	技術者	기술자 キスルジャ
教師	교사 キョサ	エンジニア	엔지니어 エンジニオ
保育士	보육사 ポユクサ	研究員	연구원 ヨングウォン
軍人	군인 クニン	消防官	소방관 ソバングァン

医師	의사 ウィサ	スポーツ選手	스포츠 선수 スポチュ ソンス
薬剤師	약사 ヤクサ	デザイナー	디자이너 ティジャイノ
看護師	간호사 カノサ	作家	작가 チャクカ
美容師	미용사 ミヨンサ	翻訳家	번역가 ポニョクカ
調理師	요리사 ヨリサ	画家	화가 ファガ
ウェイター	웨이터 ウェイト	写真家	사진가 サジンガ
警備員	경비원 キョンビウォン	経営者	경영자 キョンヨンジャ
バスの運転手	버스 기사 ポス ギサ	契約社員	계약직 ケヤクチク
アナウンサー	아나운서 アナウンソ	フリーランサー	프리랜서 プリレンソ
ユーチューバー	유튜버 ユトュボ	無職	백수 ペクス

住居

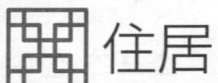

住宅	주택 チュテク	チョンセ	전세 チョンセ
引っ越し	이사 イサ	最初に一定の金額を預けて不動産を借りる、韓国特有の住宅制度。月々の家賃を払う必要はありません。	
不動産屋	복덕방 ポクトクパン	借家	셋집 セッチプ
家賃	집세 チプセ	大家	집주인 チプチュイン
賃貸住宅	임대 주택 イムデ ジュテク	アパート (日本でいう マンション)	아파트 アパトゥ
一戸建て	단독 주택 タンドク チュテク	寄宿舎	기숙사 キスクサ
高級住宅	고급 주택 コグプ チュテク	下宿屋	하숙집 ハスクチプ
別荘	별장 ピョルチャン	ワンルーム	원룸 ウォンヌム

장は習慣的に濁らず濃音化して
[별짱(ピョルチャン)]と発音します。

この[원눔(ウォンヌム)]のほか、
[월룸(ウォルルム)]とも
発音されます。

日本語	韓国語	発音
平屋	단층집	タンチュンチァ

집は習慣的に濁らず濃音化して
［단층찝 (タンチュンチァ)］と
発音します。

日本語	韓国語	発音
2階建ての家	이층집	イチュンチァ
屋根	지붕	チブン
屋上	옥상	オクサン
バルコニー	발코니	パルコニ
ベランダ	베란다	ベランダ
庭	마당	マダン
裏庭	뒷마당	トィンマダン
車庫	차고	チャゴ

日本語	韓国語	発音
外壁	외벽	ウェビョク
表門	대문	テムン
表札	문패	ムンペ
玄関	현관	ヒョングァン
階段	계단	ケダン
廊下	복도	ポクト
部屋のドア	방문	パンムン
屋根裏部屋	옥탑방	オクタプパン

屋根の下ではなく、
建物の屋上に人が住めるように
設置した部屋のことです。

日本語	韓国語	発音
地下室	지하실	チハシル

249

●家

リビング

リビング	거실 コシル	ソファー	소파 ソパ
床	마루 マル	ベンチ ソファー	벤치형 소파 ペンチヒョン ソパ
フローリング	나무 바닥 ナム パダヶ	カウチ ソファー	카우치 소파 カウチ ソパ
オンドル （床暖房）	온돌 オンドル	座卓	좌탁 チャタヶ
窓	창문 チャンムン	座椅子	좌식 의자 チャシグィジャ
カーテン	커튼 コトゥン	背もたれ	등받이 トゥンバジ
ブラインド	블라인드 プルラインドゥ		
天井	천장 チョンジャン		
テーブル	테이블 テイブル		

●冬に快適な床暖房

　オンドルとは、韓国式床暖房。昔は床下に煙道を作り、台所のかまどや、家の外に設けられたたき口でたいた火で床全体を暖めていました。

　現在では床下にパイプを通し、ボイラーで暖めるのが主流です。

クッション	쿠션 クション		本棚	책장 チェクチャン
ビーズ クッション	빈백 ピンベク		カレンダー	달력 タルリョク

빈백は、英語で「bean bag」。
やわらかい袋に、豆や穀類などを
詰めたものを意味します。

座布団	방석 パンソク		壁掛け額縁	벽걸이 액자 ピョコリ　エクチャ
カーペット	카펫 カペッ		壁時計	벽시계 ピョクシゲ
ラグ	러그 ログ		卓上時計	탁상시계 タクサンシゲ
パーティション	파티션 パティション		照明器具	조명 기구 チョミョン　ギグ
間仕切り	칸막이 カンマギ		蛍光灯	형광등 ヒョングァンドゥン
テレビ台	TV장 ティビジャン		電気スタンド	전기스탠드 チョンギステンドゥ
飾り棚	장식장 チャンシクチャン		アンティーク 家具	엔틱 가구 エンティク　カグ
			観葉植物	관상용 식물 クァンサンニョン シンムル

●家 ダイニング・キッチン

ダイニング	**식당** シクタン	システムキッチン	**시스템 키친** システム　キチン	

> 漢字で書くと「食堂」です。

食卓	**식탁** シクタク

流し台 — **싱크대** シンクデ

食卓 식탁 シクタク

排水口 ゴミ受け — **배수구 거름망** ペスグ　ゴルムマン

ダイニングチェア 식탁 의자 シクタグィジャ

流し台 水切り — **싱크대 선반** シンクデ　ソンバン

ダイニングセット 식탁 세트 シクタク　セトゥ

ガスレンジ — **가스레인지** カスレインジ

食器棚 그릇장 クルッチャン

レンジガード — **가스레인지 가드** カスレインジ　ガドゥ

台所 부엌 プオク

油除け — **기름막이** キルムマギ

厨房 주방 チュバン

換気扇 — **환풍기** ファンプンギ

> 주방は「台所」という意味でも使われます。

電子レンジ台 — **전자레인지대** チョンジャレインジデ

台所用品	주방 용품 チュバン ヨンプム	フードカバー	음식 덮개 ウムシク トプケ
お膳	밥상 パッサン	洗い桶	설거지통 ソルゴジトン
ワゴン	왜건 ウェゴン	密閉容器	밀폐용기 ミルペヨンギ
ふきん	행주 ヘンジュ	タッパー	반찬통 パンチャントン
ふきんかけ	행주 걸이 ヘンジュ ゴリ	米びつ	쌀통 ッサルトン
お皿立て	접시 꽂이 チョプシッコジ	かめ	장독 チャンドク
箸立て	수저 꽂이 スジョッコジ	壺	항아리 ハンアリ
テーブルクロス	식탁보 シクタクポ	小壺	단지 タンジ
ランチョンマット	런천매트 ロンチョンメトゥ		
エプロン	앞치마 アプチマ		

●食品の保管に欠かせない容器

　장독（かめ）は味噌や醤油などを入れるもの。上下がくびれている항아리（壺）はキムチ用。단지（小壺）は30㎝以下の壺です。

●家

寝室・バスルーム

寝室	침실 チムシル	毛布	담요 タムニョ

담と요の間にㄴが挿入され（p.28）、
［담뇨（タムニョ）］と発音します。

ベッド	침대 チムデ		
折り畳み ベッド	접이식 침대 チョビシク チムデ	電気毛布	전기 담요 チョンギ タムニョ
マットレス	매트리스 メトゥリス	ひざ掛け	무릎 담요 ムルプ タムニョ
折り畳み マットレス	접이식 매트리스 チョビシク メトゥリス	マット	매트 メトゥ
スプリング	스프링 スプリン	枕	베개 ペゲ
ベッドカバー	침대 커버 チムデ コボ	枕カバー	베개 커버 ペゲ コボ
掛け布団	이불 イブル	抱き枕	죽부인 チュクプイン
敷布団	요 ヨ		

漢字で書くと「竹夫人」。夏の夜に
暑さをしのぐために抱いて寝る、
竹で編んだ筒のことです。

押し入れ	벽장 ピョクチャン	風呂	목욕탕 モギョクタン	第 **7** 章 生活
クローゼット	옷장 オッチャン	浴槽	욕조 ヨクチョ	
布団だんす	이불장 イブルチャン	風呂のふた	욕조 덮개 ヨクチョ　トプケ	
ドレッサー	화장대 ファジャンデ	シャワー	샤워 シャウォ	
サイド テーブル	사이드테이블 サイドゥテイブル	シャワー カーテン	샤워 커튼 シャウォ　コトゥン	
椅子	의자 ウィジャ	バスマット	욕실매트 ヨクシルメトゥ	
姿見	전신 거울 チョンシン　ゴウル	タオル	타월 タウォル	
間接照明	간접 조명 カンジョプ　チョミョン	石けん	비누 ピヌ	
洗面所	세면장 セミョンジャン	トイレ	화장실 ファジャンシル	
鏡	거울 コウル	トイレット ペーパー	화장지 ファジャンジ	

●家

家事

家事	**집안일** チバンニル	アイロンがけ	**다리미질** タリミジル

> 집안と일の間に ㄴ が挿入され
(p.28)、[지반닐 (チバンニル)] と
発音します。

		掃除	**청소** チョンソ
暮らし	**살림살이** サルリムサリ	窓ふき	**유리창 닦이** ユリチャン ダッキ
料理	**요리** ヨリ	部屋の 片づけ	**방 정리** パン ジョンニ

> 정리 (片づけ) は、정のパッチム
ㅇの次の子音 ㄹ が鼻音化して
[정니 (ジョンニ)] と発音します。

献立	**식단** シクタン		
皿洗い	**설거지** ソルゴジ	ごみ捨て	**쓰레기 버리기** ッスレギ ボリギ
洗濯	**빨래** ッパルレ	リサイクル	**재활용** チェファリョン
洗濯物 干し	**빨래 널기** ッパルレ ノルギ	ごみの分別	**분리수거** プルリスゴ
洗濯物 取り込み	**빨래 걷기** ッパルレ ゴッキ		

> 분리 (ごみ) は、
ㄹの前のパッチム ㄴ が側音化して
[불리 (プルリ)] と発音します。

ごみ箱	휴지통 ヒュジトン	家計簿	가계부 カゲブ	第**7**章 生活
育児	육아 ユガ	節約	절약 チョリャク	
子守り	아이 돌보기 アイ ドルボギ	電気代	전기세 チョンギセ	
幼稚園の お迎え	유치원 픽업 ユチウォン ピゴプ	水道代	수도세 スドセ	
しつけ	가정 교육 カジョン キョユク	光熱費	광열비 クァンヨルビ	
老人介護	노인 수발 ノイン スバル	食費	식비 シクピ	
買い物	장보기 チャンボギ	通信費	통신비 トンシンビ	
町内会	반상회 パンサンフェ	交通費	교통비 キョトンビ	
共働き	맞벌이 マッポリ	交際費	교제비 キョジェビ	
お手伝いさん	가사 도우미 カサ ドウミ	医療費	의료비 ウィリョビ	

家電製品

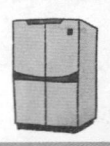

家電製品	가전제품	カジョンジェプム	ハンドミキサー	믹서기	ミクソギ
浄水器	정수기	チョンスギ	電気ポット	전기 포트	チョンギ ポトゥ
食器洗い機	식기 세척기	シッキ セチョクキ	コーヒーメーカー	커피 머신	コピ モシン
冷蔵庫	냉장고	ネンジャンゴ	ドライヤー	드라이어	トゥライオ
オーブン	오븐	オブン	ヘアアイロン	고데기	コデギ
トースター	토스터	トスト	電気シェーバー	전기 면도기	チョンギ ミョンドギ
電子レンジ	전자레인지	チョンジャレインジ	電動歯ブラシ	전동 칫솔	チョンドン チッソル
電気炊飯器	전기밥솥	チョンギパプソッ	洗濯機	세탁기	セタクキ
ホットプレート	핫플레이트	ハップルレイトゥ	乾燥機	건조기	コンジョギ

アイロン	**다리미** タリミ	テレビ	**텔레비전** テルレビジョン
電気カーペット	**전기장판** チョンギジャンパン	DVDプレーヤー	**DVD 플레이어** ティブイディ プルレイオ
掃除機	**청소기** チョンソギ	ブルーレイレコーダー	**블루레이레코더** プルルレイレコド
コードレス掃除機	**무선 청소기** ムソン チョンソギ	ホームシアター	**홈시어터** ホムシオト
扇風機	**선풍기** ソンプンギ	ラジオ	**라디오** ラディオ
エアコン	**에어컨** エオコン	ステレオ	**스테레오** ステレオ
加湿器	**가습기** カスプキ	ヘッドフォン	**헤드폰** ヘドゥポン
除湿器	**제습기** チェスプキ	デジカメ	**디카** ティカ
空気清浄機	**공기 청정기** コンギ チョンジョンギ	ゲーム機	**게임기** ケイムギ
ウォシュレット	**비데기** ビデギ		

디카は「デジタルカメラ」
디지털카메라（ティジトルカメラ）
の略です。

●家
生活雑貨

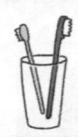

生活用品	**생활용품** センファルリョンプム	リンス	**린스** リンス

> 生活と用品の間に∟が挿入され(p.28)、さらに∟が側音化して[생활룡품（センファルリョンプム）]と発音します。

歯ブラシ	**칫솔** チッソル	トリートメント	**트리트먼트** トゥリトゥモントゥ
歯磨き粉	**치약** チヤ_ク	洗剤	**세제** セジェ
綿棒	**면봉** ミョンボン	洗濯洗剤	**세탁 세제** セタ_ク セジェ
ひげ剃り	**면도기** ミョンドギ	漂白剤	**표백제** ピョベ_クチェ
ボディソープ	**바디워시** パディウォシ	柔軟剤	**유연제** ユヨンジェ
入浴剤	**입욕제** イビョ_クチェ	洗濯ばさみ	**빨래집게** ッパルレジ_プケ
シャンプー	**샴푸** シャムプ	ハンガー	**옷걸이** オッコリ
		ぞうきん	**걸레** コルレ

スポンジ	스펀지 スポンジ	栓抜き	병따개 ピョンタゲ
脱臭剤	탈취제 タルチュイジェ	ボックス ティッシュ	각티슈 カクティシュ
芳香剤	방향제 パンヒャンジェ	ウェット ティッシュ	물티슈 ムルティシュ
ビニール袋	비닐 봉투 ピニル　ボントゥ	おむつ	기저귀 キジョグィ
ごみ袋	쓰레기 봉투 ッスレギ　ボントゥ	マスク	마스크 マスク
ジッパー付き 保存袋	지퍼백 チポベク	蚊取り線香	모기향 モギヒャン
ラップ	랩 レプ	殺虫剤	살충제 サルチュンジェ
ホイル	호일 ホイル	乾電池	건전지 コンジョンジ
ゴム手袋	고무장갑 コムジャンガプ	針	바늘 パヌル
缶切り	캔 따개 ケンタゲ	糸	실 シル

日用品・文房具

ハンカチ	손수건 ソンスゴン	ドライバー	드라이버 トゥライボ
鍵	열쇠 ヨルセ	ハサミ	가위 カウィ
定期入れ	카드 지갑 カドゥ チガァ	カッター	커터 コト
財布	지갑 チガァ	糊	풀 プル
靴べら	구둣주걱 クドゥッチュゴク	セロハン テープ	스카치테이프 スカチテイプ
傘立て	우산 꽂이 ウサン コジ	輪ゴム	고무줄 コムジュル
耳かき	귀이개 クィイゲ	定規	자 チャ
爪切り	손톱깎이 ソントァカッキ	電卓	계산기 ケサンギ
はかり	저울 チョウル	筆記用具	필기구 ピルギグ

鉛筆	연필 ヨンピル	メモ用紙	메모지 メモジ
鉛筆削り	연필깎이 ヨンピルカッキ	ふせん	붙임 쪽지 プチム　チョクチ
シャープ ペンシル （略語）	샤프 シャプ	紙	종이 ジョンイ
ボールペン	볼펜 ポルペン	原稿用紙	원고지 ウォンゴジ
蛍光ペン	형광펜 ヒョングァンペン	コピー用紙	복사 용지 ポクサ　ヨンジ
消しゴム	지우개 チウゲ	クリア ファイル	클리어 파일 クルリオ　パイル
修正テープ	수정 테이프 スジョン　テイプ	ステープラー	스테이플러 ステイプルロ
筆箱	필통 ピルトン	クリップ	클립 クルリプ
ノート	노트 ノトゥ	穴あけパンチ	이공 펀치 イゴン　ポンチ
手帳	수첩 スチョプ	手提げ紙袋	종이 쇼핑백 チョンイ　ショピンベク

●通信

電話・メール・SNS

電話	**전화** チョヌァ	電話番号	**전화번호** チョヌァボノ
携帯電話	**핸드폰** ヘンドゥポン	国際電話	**국제 전화** ククチェ ジョヌァ
ガラケー	**폴더폰** ポルドポン	国番号	**국가 번호** ククカボノ
スマホ	**스마트폰** スマトゥポン	着信音	**벨소리** ペルソリ
アイフォン	**아이폰** アイポン	音声 メッセージ	**음성 메시지** ウムソン メシジ
アンドロイド	**안드로이드** アンドゥロイドゥ	話し中	**통화 중** トンファジュン
充電器	**충전기** チュンジョンギ	ビデオ電話	**영상 통화** ヨンサン トンファ
マナー モード	**매너모드** メノモドゥ	アプリ	**앱** エプ
	「マナーモード」は **진동**（チンドン）=「振動」とも いいます。	Wi-Fi	**와이파이** ワイパイ

Eメール	이메일 イメイル	アカウント	계정 ケジョン	
携帯メール	문자 ムンチャ	ログイン	로그인 ログイン	

> **자**は習慣的に濁らす濃音化して
> [**문짜**（ムンチャ）]と発音します。

		ログアウト	로그아웃 ログアウッ
メール アドレス	이메일 주소 イメイル　ジュソ	フォロー	팔로우 パルロウ
迷惑メール	스팸메일 スペムメイル	フォロワー	팔로워 パルロウォ
打ち間違い	오타 オタ	いいね	좋아요 チョアヨ
ツイッター	트위터 トゥウィト	コメント	댓글 テックル
フェイスブック	페이스북 ペイスブク	シェア	공유하기 コンユハギ

> **공유**は
> 漢字で書くと「共有」です。

インスタグラム	인스타그램 インスタグレム		
SNS	에스엔에스 エスエンエス	炎上	비난글 쇄도 ピナングル　スェド

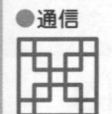

● 通信

コンピュータ

コンピュータ	**컴퓨터** コムピュト	Mac	**맥** メク
パソコン （PC）	**피시** ピシ	ウィンドウズ	**윈도우** ウィンドウ
ノート パソコン	**노트북** ノトゥブク	起動	**기동** キドン
デスクトップ	**데스크탑** テスクタㇷ゚	入力	**입력** イムニョク
タブレット	**태블릿** テブルリッ		
キーボード	**키보드** キボドゥ	データ	**데이터** デイト
マウス	**마우스** マウス	ハード ディスク	**하드디스크** ハドゥディスク
モニタ	**모니터** モニト	プリンタ	**프린터** プリント
USB	**유에스비** ユエスビ	バッテリ	**배터리** ペトリ

> パッチムの ㅂ と次の子音 ㄹ が
> 鼻音化して［임녁（イムニョク）］と
> 発音します。

再起動	재기동 チェギドン	カーソル	커서 コソ	第7章 生活
強制終了	강제 종료 カンジョ ジョンニョ	クリック	클릭 クルリク	
ソフトウェア	소프트웨어 ソフトゥウェオ	エンター キー	엔터키 エントキ	
ワード	워드 ウォドゥ	切り取り	잘라내기 チャルラネギ	
エクセル	엑셀 エクセル	コピー	복사하기 ボクサハギ	
フォント	폰트 ポントゥ	ペースト	붙여넣기 プチョノキ	
太字	굵게 クッケ	ファイル	파일 パイル	
斜体	기울임 꼴 キウリム コル	フォルダ	폴더 ポルド	
下線	밑줄 ミッチュル	保存	저장 チョジャン	
セル	셀 セル	バックアップ	백업 ペゴプ	

インターネット

インターネット	인터넷 イントネッ	グーグル	구글 クグル
ネットワーク	네트워크 ネトゥウォク	クラウド	클라우드 クルラウドゥ
ルーター	공유기 コンユギ	添付ファイル	첨부 파일 チョムプ　パイル
タッチパネル	터치패널 トチペノル	削除	삭제 サクチェ
接続	접속 チョプソク	コンテンツ	콘텐츠 コンテンチュ
インストール	인스톨 インストル	ウェブサイト	웹사이트 ウェブサイトゥ

ネットの関連語は外来語が多く、「インストール」は「設置」설치（ソルチ）など、いい換え用語もあります。

| アップデート | 업데이트
オプデイトゥ | ホームページ | 홈페이지
ホムペイジ |

홈페이지を略した홈피（ホムピ）も使われます。

| 検索 | 검색
コムセク | ブログ | 블로그
ブルログ |

ネットユーザー	누리꾼	ヌリックン
画像	영상	ヨンサン
動画	동영상	トンヨンサン
ユーチューブ	유튜브	ユトゥブ
アップロード	업로드	オプロドゥ
ダウンロード	다운로드	タウンロドゥ

「降りて受け取る」という意味の**내려받기**（ネリョパッキ）にいい換えることもできます。

オンライン	온라인	オルライン
お気に入り	즐겨찾기	チュルギョチャッキ
ネットカフェ	피시방	ピシバン

掲示板	게시판	ケシパン
リアルタイム検索	실시간 검색	シルシガン コムセク
悪意のコメント	악플	アクプル
ウィルス	바이러스	パイロス
ハッカー	해커	ヘコ
サイバーテロ	사이버 테러	サイボ テロ
セキュリティ	보안	ボアン
無断コピー	불펌	プルポム

불펌は、**불법**（プルポプ）=「不法」と**푸다**（プダ）=「すくいとる」を合わせた造語です。

フェイクニュース	가짜뉴스	カッチャニュス

● 通信

郵便・宅配便

ポスト	우체통 ウチェトン	年賀状	연하장 ヨナジャン
郵便物	우편물 ウピョンムル	手紙	편지 ピョンジ
切手	우표 ウピョ	便せん	편지지 ピョンジジ
記念切手	기념우표 キニョムピョ	封筒	봉투 ポントゥ
郵便料金	우편 요금 ウピョン ニョグム	電報	전보 チョンボ

> 우편と요금の間にㄴが挿入され
> (p.28)、[우편 뇨금（ウピョン
> ニョグム）]と発音します。

		小包	소포 ソポ
はがき	엽서 ヨプソ	速達	속달 ソクタル
絵はがき	그림엽서 クリムニョプソ	書留	등기 トゥンギ

> 그림と엽서の間にㄴが挿入され
> (p.28)、[그림녑써（クリムニョプソ）]
> と発音します。

		航空便	항공우편 ハンゴンウピョン

住所	주소	チュソ
郵便番号	우편번호	ウピョンボノ
消印	소인	ソイン
差出人	발신인	パルシニン
受取人	수취인	スチュィイン
〜様	귀하	クィハ
御中	귀중	クィジュン
発送	발송	パルソン
配達	배달	ペダル
宅配	택배	テクペ

宅配ドライバー	택배 기사	テクペ ギサ
バイク便	퀵	クィク

> 퀵は、車やオートバイ、地下鉄を使って普通の宅配より早く荷物を届けるサービスです。

荷物	운송물	ウンソンムル
寸法	치수	チス
重量	중량	チュンニャン
段ボール箱	골판지 박스	コルパンジ バクス
かんしょうざい 緩衝材	뽁뽁이	ッポクポギ
配送	배송	ペソン
着払い	착불	チャクプル

271

外来語を固有語に

　日本では、外来語をそのままカタカナで表すことが多くなってきました。特にSNSやパソコン、インターネット用語にカタカナの単語があふれています。韓国では、欧米からの外来語や難解な漢字語を、わかりやすい固有の言葉に置き換える努力をしています。

　実際に、p.264からp.269のネット用語を見てみると、

アカウント	계정 ケジョン	＝ 計定
コメント	댓글 テックル	＝ 答える文
シェア	공유하기 コンユハギ	＝ 共有
コピー	복사하기 ポクサハギ	＝ 複写
ペースト	붙여넣기 プチョノキ	＝ 貼り付け
ネットユーザー	누리꾼 ヌリックン	＝ 世を渡る人々
リアルタイム	실시간 シルシガン	＝ 実時間

など、英語の音をそのまま使わない努力が感じられます。

　一方で、「ホームページ」は누리집 ヌリジプ（누리＝世の中、집＝家）といういい換え語もありますが、홈페이지 ホムペイジ を使うことの方が多いようです。「コンピューター」も셈틀 セムトゥル（셈＝数える、틀＝枠）といういい換え語が作られましたが、こちらもほとんど使われません。このように、外来語ですでに定着しているものは、いい換え語が作られても使われない場合があります。

第 **8** 章

社会

●学ぶ

学校

幼稚園	유치원 ユチウォン
小学校	초등학교 チョドゥンハクキョ
中学校	중학교 チュンハクキョ
高等学校	고등학교 コドゥンハクキョ
専門学校	전문학교 チョンムナクキョ
大学	대학교 テハクキョ

> 漢字で書くと「大学校」で、
> 総合大学のことです。

大学院	대학원 テハグォン
男女共学	남녀 공학 ナムニョ ゴンハク
男女別学	남녀 별학 ナムニョ ビョラク
出席	출석 チュルソク
欠席	결석 キョルソク
遅刻	지각 チガク
早退	조퇴 チョテェ
登校	등교 トゥンギョ
下校	하교 ハギョ

●大学と大学校

　日本では、文部科学省の管轄が大学、その他省庁が管轄するのが大学校ですが、韓国では総合大学が大学校、単科大学が大学です。

休校	휴교 ヒュギョ	校長室	교장실 キョジャンシル
先生	선생님 ソンセンニム	職員室	교무실 キョムシル
校長先生	교장 선생님 キョジャン ソンセンニム	教室	교실 キョシル
教頭先生	교감 선생님 キョガム ソンセンニム	学級	학급 ハククプ
担任の先生	담임 선생님 タミム ソンセンニム	黒板	칠판 チルパン
教職員	교직원 キョジグォン	実験室	실험실 シロムシル
学生	학생 ハクセン	音楽室	음악실 ウマクシル
制服	교복 キョボク	保健室	보건실 ポゴンシル
校則	교칙 キョチク	体育館	체육관 チェユククアン
校舎	학교 건물 ハクキョ ゴンムル	校庭	교정 キョジョン

●学ぶ

授業・教科

授業	수업 スオブ	科目	과목 クァモク
勉強	공부 コンブ	国語	국어 クゴ
自習	자습 チャスブ	算数	산수 サンス
宿題	숙제 スクチェ	数学	수학 スハク
教科書	교과서 キョグァソ	足し算	더하기 トハギ
時間割り	시간표 シガンピョ	引き算	빼기 ッペギ
1時間目	일교시 イルギョシ	掛け算	곱하기 コパギ
2時間目	이교시 イギョシ	割り算	나누기 ナヌギ
休み時間	쉬는 시간 スィヌン シガン	方程式	방정식 パンジョンシク

外国語	외국어 ウェグゴ	社会	사회 サフェ
英語	영어 ヨンオ	地理	지리 チリ
リーディング	읽기 イルキ	科学	과학 クァハク
リスニング	듣기 トゥッキ	物理	물리 ムルリ
スピーキング	말하기 マラギ	生物	생물 センムル
ライティング	쓰기 ッスギ	化学	화학 ファハク
会話	회화 フェファ	音楽	음악 ウマク
歴史	역사 ヨクサ	美術	미술 ミスル
韓国史	한국사 ハングクサ	技術	기술 キスル
世界史	세계사 セゲサ	体育	체육 チェユク

●学ぶ

受験〜卒業

入学試験	**입학 시험** イパク　シホム	文系	**문과** ムンクァ
大学入試 （大入）	**대입** テイプ	理系	**이과** イックァ

> 대학 입시(大学入試)の
「大」と「入」を使った略語です。

> 문과と이과はいずれも習慣的に과が
濁らず濃音化して［문꽈（ムンクァ）］
［이꽈（イックァ）］と発音します。

予備校	**재수학원** チェスハグォン	合格	**합격** ハプキョク
大学修学 能力試験 （修能）	**수능** スヌン	不合格	**불합격** プラプキョク

> 대학 수학 능력 시험
（大学修学能力試験）の
「修」と「能」を使った略語です。

		浪人（一浪）	**재수** チェス
受験生	**수험생** スホムセン	二浪	**삼수** サムス

●数え方の違い

　日本と韓国では浪人の数え方が違います。韓国では、受験した回数を数えるので、「現役」が1回目受験、2回目受験は「再修」=재수（チェス）といいます。日本では、浪人した年数を数えるので、浪人の2年は「二浪」ですが、韓国では3回目の受験なので「三修」=삼수（サムス）となります。

浪人生	재수생 チェスセン	講義	강의 カンイ
法学部	법과 대학 ポブクァ　デハク	休講	휴강 ヒュガン
医学部	의과 대학 ウィクァ　デハク	サボり	땡땡이 ッテンテンイ

> 의과（医科）の과は習慣的に濁らず濃音化して [의꽈（ウィクァ）] と発音します。

		サークル	서클 ソクル
文学部	문과 대학 ムンクァ　デハク	単位	학점 ハクチョム
入学	입학 イパク	進級	진급 チングプ
奨学金	장학금 チャンハックム	留年	유급 ユグプ
学力	학력 ハンニョク	休学	휴학 ヒュハク
学歴	학력 ハンニョク	退学	퇴학 テェハク

> 「学力」と「学歴」は漢字が違っても読みは同じ。학のパッチム ㄱ と次の子音 ㄹ が鼻音化します。

		卒業	졸업 チョロプ

 オフィス

勤め先	**직장** チクチャン	出勤	**출근** チュルグン
職場	**일자리** イルチャリ	退勤	**퇴근** トェグン

자は習慣的に濁らず濃音化して
[**일짜리**（イルチャリ）]と発音します。

		欠勤	**결근** キョルグン
企業	**기업** キオプ	休暇	**휴가** ヒュガ
上場企業	**상장 기업** サンジャン ギオプ	有給休暇	**유급 휴가** ユグ ピュガ
株式会社	**주식회사** チュシクェサ	出張	**출장** チュルチャン

식のパッチム ㄱ と次の子音 ㅎ が
激音化して[**주시쾨사**（チュシクェサ）]
と発音します。

장は習慣的に濁らず濃音化して
[**출짱**（チュルチャン）]と発音します。

労働者	**근로자** クルロジャ	給料日	**월급날** ウォルグムナル

ㄹの前のパッチム ㄴ が側音化して
[**글로자**（クルロジャ）]と発音します。

ㄴの前のパッチム ㅂ が鼻音化して
[**월금날**（ウォルグムナル）]と
発音します。

名刺	명함 ミョンハム	決済	결재 キョルチェ
肩書	직함 チカム		

> 재は習慣的に濁らず濃音化して
> [결째 (キョルチェ)] と発音します。

> 직のパッチム ㄱと次の子音 ㅎが
> 激音化して [지캄 (チカム)] と
> 発音します。

営業	영업 ヨンオプ	残業	잔업 チャノプ
経営	경영 キョンヨン	経営難	경영난 キョンヨンナン
企画書	기획서 キフェクソ	倒産	도산 トサン
マニュアル	매뉴얼 メニュオル	雇用保険	고용 보험 コヨン ボホム
取引先	거래처 コレチョ	労働基準法	근로 기준법 クルロ ギジュンポプ
契約	계약 ケヤク	労働組合	노동조합 ノドンジョハプ
株主総会	주주 총회 チュジュ チョンフェ	ストライキ	파업 パオプ
		年金	연금 ヨングム

281

部署・役職名

部署	**부서** プソ	部長	**부장** プジャン
職位	**직위** チグィ	次長	**차장** チャジャン
職責	**직책** チクチェク	室長	**실장** シルチャン
会長	**회장** フェジャン	課長	**과장** クァジャン
社長	**사장** サジャン	係長	**계장** ケジャン
代表取締役	**대표이사** テピョイサ	チームリーダー	**팀장** ティムジャン
本部長	**본부장** ポンブジャン	工場長	**공장장** コンジャンジャン
局長	**국장** クッチャン	主任	**주임** チュイム
所長	**소장** ソジャン	代理	**대리** テリ

本社	**본사** ポンサ	経理部	**경리부** キョンニブ	第**8**章 社会
支社	**지사** チサ	パッチムㅇの次の子音ㄹが鼻音化して［**경니부**（キョンニブ）］と発音します。		
事業所	**사업소** サオプソ	海外事業部	**해외사업부** ヘウェサオブプ	
営業所	**영업소** ヨンオプソ	制作部	**제작부** チェジャクプ	
事務所	**사무소** サムソ	技術部	**기술부** キスルブ	
系列会社	**계열사** ケヨルサ	編集部	**편집부** ピョンジププ	
事業部	**사업부** サオプブ	広報室	**홍보실** ホンボシル	
営業部	**영업부** ヨンオプブ	企画チーム	**기획팀** キフェクティム	
人事部	**인사부** インサブ	品質管理チーム	**품질관리팀** プムジルグァルリティム	
総務部	**총무부** チョンムブ	生産管理チーム	**생산관리팀** センサングァルリティム	

就職

就職	취직 チュイジク	離職理由	이직 이유 イジンニユ
転職	전직 チョンジク	就職活動	구직 활동 クジクァルトン
退職	퇴직 トェジク	入社願書	입사 지원서 イプサ ジウォンソ
休職	휴직 ヒュジク	履歴書	이력서 イリョクソ
復職	복직 ポクチク	書類選考	서류 전형 ソリュ ジョニョン
失業	실업 シロプ	面接	면접 ミョンジョプ
リストラ	정리해고 チョンニヘゴ	経歴	경력 キョンニョク

漢字で書くと「整理解雇」。
ㅇの次の子音ㄹが鼻音化して
[정니(チョンニ)]と発音します。

辞職願	사직서 サジクソ	勤務条件	근무 조건 クンム ジョッコン

조건の건は習慣的に濁らず
濃音化して[근무 조껀
(クンム ジョッコン)]と発音します。

賃金	임금 イムグム	アルバイト	아르바이트 アルバイトゥ
給与	급여 クビョ		略語の**알바**(アルバ)が よく使われます。
勤務時間	근무 시간 クンム シガン	公務員試験	고시 コシ
正社員	정규직 チョンギュジク	国家試験	공시 コンシ
非正社員	비정규직 ピジョンギュジク	公務員 受験生の 下宿	고시원 コシウォン
契約社員	계약직 ケヤクチク		受験生用の安い賃貸住宅のこと。 2〜3畳の空間に机とベッドだけ、 トイレ・シャワーは共同です。
中途採用	경력자 채용 キョンニョクチャ チェヨン	新卒	신규졸업자 シンギュジョロプチャ
日雇い 労働者	일용 근로자 イリョン グルロジャ	求人広告	구인 광고 クイン グァンゴ
派遣社員	파견 근로자 パギョン グルロジャ	個人事業	개인 사업 ケイン サオプ
パート	시간제 근로자 シガンジェ グルロジャ	起業	기업 キオプ

新聞・ニュース

新聞	신문 シンムン	インタビュー	인터뷰 イントビュ
ニュース	뉴스 ニュス	マスコミ	언론사 オルロンサ
トップニュース	톱뉴스 トムニュス		漢字で書くと「言論社」。ㄹの前の パッチム子音ㄴが側音化して [얼론사 (オルロンサ)]と発音します。
特ダネ	특종 トゥクチョン	マスメディア	대중 매체 テジュン　メチェ
速報	속보 ソクポ		漢字で書くと「大衆媒体」です。
報道	보도 ポド	記者	기자 キジャ
ジャーナリスト	저널리스트 チョノルリストゥ	特派員	외신기자 ウェシンギジャ
情報提供	제보 チェボ	記者会見	기자 회견 キジャ　フェギョン
取材	취재 チュイジェ	新聞の 見出し	신문 표제 シンムン　ピョジェ

社説	사설 サソル	世論調査	여론 조사 ヨロン　ジョサ
記事	기사 キサ	誤報	오보 オボ
コラム	칼럼 カルロム	デマ	헛소문 ホッソムン
時事漫画	시사만화 シサマヌァ	言論統制	언론 통제 オルロン　トンジェ
号外	호외 ホウェ	情報操作	정보 조작 チョンボ　ジョジャク
日刊紙	일간지 イルガンジ	全国紙	전국지 チョングッチ
朝刊新聞	조간신문 チョガンシンムン	地方紙	지방지 チバンジ
夕刊	석간 ソッカン	大衆紙	대중지 テジュンジ
購読料	구독료 クドンニョ	スポーツ 新聞	스포츠 신문 スポチュ　シンムン
		芸能ニュース	예능 뉴스 イェヌン　ニュス

> パッチム ㄱ と次の子音 ㄹ が
> 鼻音化して［구동뇨（クドンニョ）］と
> 発音します。

歴史

古朝鮮	고조선 コジョソン	独立運動	독립운동 トンニブンドン
檀君神話 （朝鮮の建国神話）	단군 신화 タングン シヌァ	主権回復 （光復）	광복 クァンボク
古代国家	고대 국가 コデ グッカ	大韓民国樹立	대한민국 수립 テハンミングッ スリァ
高麗の成立	고려의 성립 コリョエ ソンニァ	朝鮮戦争	한국 전쟁 ハングッ チョンジェン
朝鮮建国	조선 건국 チョソン ゴングッ	四月革命	사월 혁명 サウォリョンミョン
文禄・慶長の役	임진왜란 イムジンウェラン		1960年に当時の李承晩政権を倒した民主革命。4月19日に大規模デモが発生したので「4.19革命」ともいいます。
帝国主義	제국주의 チェグッチュイ	軍事独裁	군사 독재 クンサ ドッチェ
国権消失	국권 상실 クックォン サンシル	漢江の奇跡	한강의 기적 ハンガンエ ギジョク
植民地支配	식민지 지배 シンミンジ ジベ		1960年代以降、朝鮮戦争から復興した大韓民国が高度経済成長をとげたことをこう呼びます。

ルネサンス	르네상스	ルネサンス
産業革命	산업혁명	サノピョンミョン
近代化	근대화	クンデファ
フランス革命	프랑스 혁명	プランス ヒョンミョン
第一次世界大戦	제1차 세계 대전	チェイルチャ セゲデジョン
大恐慌	대공황	テゴンファン
第二次世界大戦	제2차 세계 대전	チェイチャ セゲデジョン
原子爆弾	원자 폭탄	ウォンジャ ポクタン
国連結成	유엔 결성	ユエン ギョルソン

「国連」は韓国語で
유엔 ユエン(UN)といいます。

冷戦	냉전	ネンジョン
ベトナム戦争	베트남 전쟁	ペトゥナム ジョンジェン
チェルノブイリ	체르노빌	チェルノビル
ベルリンの壁	베를린 장벽	ペルルリン ジャンビョク
ドイツの統一	독일의 통일	トギレ トンイル

독일は漢字で書くと
「独逸」です。

ソ連の崩壊	소련의 붕괴	ソリョネ ブングェ
湾岸戦争	걸프 전쟁	コルプ ジョンジェン

걸프は英語「Gulf(湾)」を
ハングルで表したものです。

欧州連合	유럽 연합	ユロムニョナプ

軍隊

軍隊	군대 クンデ	空挺部隊	공수 부대 コンスブデ
軍人	군인 クニン	特殊部隊	특수 부대 トゥクスブデ
海兵隊	해병대 ヘビョンデ	階級章	계급장 ケグプチャン
空軍	공군 コングン	将校	장교 チャンギョ
元帥 (げんすい)	육군 ユックン	元帥	원수 ウォンス
陸軍	육군 ユックン	大佐	대령 テリョン
陸軍士官 学校	육사 ユクサ	大尉	대위 テウィ
国防軍	국방군 クッパングン	一等軍曹 (上士)	상사 サンサ
戒厳軍	계엄군 ケオムグン	一等兵	일등병 イルトゥンビョン
戒厳令	계엄령 ケオムニョン		

軍事訓練	군사 훈련 クンサ フルリョン	入隊	입대 イプテ
銃	총 チョン	服務	복무 ポンム
ミサイル	미사일 ミサイル	軍楽隊	군악대 クナクテ
地雷	지뢰 チレ	除隊	제대 チェデ
防空壕	방공호 パンゴンホ	軍服	군복 クンボク
攻撃	공격 コンギョク	徴兵制	징병제 チンビョンジェ
戦闘	전투 チョントゥ	兵役忌避	병역 기피 ピョンヨク キピ
軍事介入	군사 개입 クンサ ゲイプ	脱走兵	탈영병 タリョンビョン
スパイ	간첩 カンチョプ	反戦	반전 パンジョン
投降	귀순 クィスン	駐韓米軍	주한 미군 チュハン ミグン

政治

民主共和国	**민주공화국** ミンジュゴンファグク	政治	**정치** チョンチ
立法府	**입법부** イッポプブ	政府	**정부** チョンブ
行政府	**행정부** ヘンジョンブ	政党	**정당** チョンダン
司法府	**사법부** サボップ	与党	**여당** ヨダン
三権分立	**삼권분립** サムクゥンブルリプ	野党	**야당** ヤダン

> 삼권の권は習慣的に濁らず
> 濃音化します。
> ㄹの前のパッチムㄴが側音化します。

大統領	**대통령** テトンニョン	国会議員	**국회의원** ククェウィウォン

> 통のパッチムㅇの次のㄹが鼻音化
> して[대통녕(テトンニョン)]と
> 発音します。

内閣	**내각** ネガゥ	政治家	**정치인** チョンチイン
		保守	**보수** ポス
		革新	**혁신** ヒョクシン

選挙	선거 ソンゴ	南北会談	남북 회담 ナムブクェダム
出馬	출마 チュルマ		北のパッチム ㄱ と次の子音 ㅎ が 激音化して[남부퀘담 （ナムブクェダム）]と発音します。
演説	연설 ヨンソル	南北統一	남북통일 ナムブクトンイル
公約	공약 コンヤク	脱北者	탈북자 タルブクチャ
投票	투표 トゥピョ		このほか、북한이탈주민 （ブカンイタルジュミン）＝「北韓離脱 住民」という表現もあります。
総選挙	총선 チョンソン	収賄 （しゅうわい） （賄賂収受）	뇌물 수수 ヌェムル スス
大統領選挙	대선 テソン	裏金	비자금 ピジャグム
当選	당선 タンソン	不正腐敗	부정 부패 プジョン ブペ
落選	낙선 ナクソン	弾劾 （だんがい）	탄핵 タネク
地域感情	지역감정 チヨックカムジョン	ろうそくデモ	촛불 시위 チョップル シウィ

法律

法律	법률 ポムニュル	法律事務所	로펌 ロポム
	法のパッチムㅂと次の子音のㄹが鼻音化して［범뉼（ポムニュル）］と発音します。		로펌は英語の「Law Firm」をハングルで表したものです。
憲法	헌법 ホンポァ	裁判所	법원 ポブォン
	～법（～法）は習慣的に濁らず濃音化して発音します。	最高裁判所	대법원 テボブォン
民法	민법 ミンポァ	告訴	고소 コソ
刑法	형법 ヒョンポァ	拘束	구속 クソク
刑事訴訟法	형사소송법 ヒョンサソソンポァ	拘置所	구치소 クチソ
司法試験	사법 시험 サボァ シホム	判事	판사 パンサ
ロースクール	로스쿨 ロスクル	裁判官	재판관 チェパングァン

国選弁護士	**국선변호사** クッソンビョノサ	求刑	**구형** クヒョン
国民参与 裁判	**국민참여재판** クンミンチャミョジェパン	最終弁論	**최종 변론** チェジョン ビョルロン

> 「国民参与裁判」は、日本の裁判員
> 裁判とよく似ている制度です。

> 변론（弁論）は、ㄹの前の子音
> ㄴが側音化して［별론（ビョルロン）］と
> 発音します。

陪審員	**배심원** ペシムォン	判決	**판결** パンギョル
法廷	**법정** ポプチョン	宣告	**선고** ソンゴ
傍聴席	**방청석** パンチョンソク	無期懲役	**무기 징역** ムギジンヨク
被告	**피고** ピゴ	執行猶予	**집행 유예** チペン　ユイェ
原告	**원고** ウォンゴ		

> 집행（執行）は、パッチムㅂとㅎが
> 激音化して［지팽 유예（チペン
> ユイェ）］と発音します。

証人	**증인** チュンイン	無罪	**무죄** ムジェ
証言	**증언** チュンオン	死刑	**사형** サヒョン

経済・金融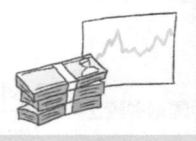

経済	**경제** キョンジェ	金融	**금융** クミュン
資本主義	**자본주의** チャボンジュウィ	投資	**투자** トゥジャ
株式市場	**주식시장** チュシクシジャン	株価	**주가** チュッカ
貿易	**무역** ムヨク		

> 주가の가は習慣的に濁らず濃音化して［주까（チュッカ）］と発音します。

黒字	**흑자** フクチャ	成長率	**성장률** ソンジャンニュル
赤字	**적자** チョクチャ		

> 장のパッチムㅇの次の子音ㄹが鼻音化して［성장뉼（ソンジャンニュル）］と発音します。

ウォン高	**원화 강세** ウォヌァ ガンセ	国内総生産	**국내총생산** クンネチョンセンサン
ウォン安	**원화 약세** ウォヌァ ヤクセ	景気	**경기** キョンギ
関税	**관세** クァンセ	規制緩和	**규제 완화** キュジェ ワヌァ

不況	불황	納税義務	납세 의무
	プルアン		ナプセ　ウィム
バブル経済	거품 경제	財閥	재벌
	コプム　ギョンジェ		チェボル
金利引き上げ	금리 인상	脱税	탈세
	クムニ　インサン		タルセ

> 금리 (金利) は、パッチム ㅁ の
> 次の子音 ㄹ が鼻音化して
> [금니 (クムニ)] と発音します。

所得	소득	マネーロンダリング	자금 세탁
	ソドゥク		チャグム　セタク
成金	졸부	インサイダー	내부자 거래
	チョルブ		ネブジャ　ゴレ
貧困層	빈곤층	タックスヘイブン	조세 피난처
	ピンゴンチュン		チョセ　ピナンチョ
物価	물가	金融詐欺	금융 사기
	ムルカ		クミュン　サギ

> 가 は習慣的に濁らず濃音化して
> [물까 (ムルカ)] と発音します。

		不良債権	부실 채권
			プシル　チェクォン
		仮想通貨	가상 화폐
			カサン　ファペ
税金	세금	ビットコイン	비트코인
	セグム		ピトゥコイン

国·言語·都市

大韓民国	대한민국 テハンミングク	インド	인도 インド
韓国語	한국어 ハングゴ	ヒンドゥー語	힌디어 ヒンディオ
ソウル	서울 ソウル	ニューデリー	뉴델리 ニュデルリ
中国	중국 チュングク	スリランカ	스리랑카 スリランカ
中国語	중국어 チュングゴ	コッテ	코테 コテ
北京	베이징 ペイジン	シンハラ語	신할리즈어 シンハルリジュオ
パキスタン	파키스탄 パキスタン	ネパール	네팔 ネパル
ウルドゥー語	우르두어 ウルドゥオ	ネパール語	네팔어 ネパロ
イスラマ バード	이슬라마바드 イスルラマバドゥ	カトマンズ	카트만두 カトゥマンドゥ

バングラデシュ	방글라데시 バングルラデシ	カンボジア	캄보디아 カムボディア
ベンガル語	벵골어 ペンゴロ	カンボジア語	캄보디아어 カムボディアオ
ダッカ	다카 タカ	プノンペン	프놈펜 プノムペン
ミャンマー	미얀마 ミヤンマ	マレーシア	말레이시아 マルレイシア
ミャンマー語	미얀마어 ミヤンマオ	マレー語	말레이어 マルレイオ
ネピドー	네피도 ネピド	クアラルンプール	쿠알라룸푸르 クアルラルムプル
ヤンゴン	양곤 ヤンゴン	フィリピン	필리핀 ピルリピン
タイ	태국 テグク	フィリピン語	필리피노어 ピルリピノオ
タイ語	타이어 タイオ	マニラ	마닐라 マニルラ
バンコク	방콕 パンコク	セブ	세부 セブ

イギリス	영국 ヨングゥ	フランス	프랑스 プランス
英語	영어 ヨンオ	フランス語	프랑스어 プランスオ
ロンドン	런던 ロンドン	パリ	파리 パリ
リバプール	리버풀 リボプル	ドイツ	독일 トギル
スペイン	스페인 スペイン	ドイツ語	독일어 トギロ
スペイン語	스페인어 スペイノ	ベルリン	베를린 ペルルリン
マドリード	마드리드 マドゥリドゥ	ミュンヘン	뮌헨 ムィンヘン
イタリア	이탈리아 イタルリア	オランダ	네덜란드 ネドゥランドゥ
イタリア語	이탈리아어 イタルリアオ	オランダ語	네덜란드어 ネドゥランドゥオ
ローマ	로마 ロマ	アムステルダム	암스테르담 アムステルダム

フィンランド	핀란드 ピンランドゥ	イラン	이란 イラン
フィンランド語	핀란드어 ピンランドゥオ	ペルシャ語	페르시아어 ペルシアオ
ヘルシンキ	헬싱키 ヘルシンキ	テヘラン	테헤란 テヘラン
ロシア	러시아 ロシア	イスラエル	이스라엘 イスラエル
ロシア語	러시아어 ロシアオ	ヘブライ語	히브리어 ヒブリオ
モスクワ	모스크바 モスクバ	エルサレム	예루살렘 イェルサルレム
トルコ	터키 トキ	サウジアラビア	사우디아라비아 サウディアラビア
トルコ語	터키어 トキオ	アラビア語	아랍어 アラボ
アンカラ	앙카라 アンカラ	リヤド	리야드 リヤドゥ
イスタンブール	이스탄불 イスタンブル	メッカ	메카 メカ

エジプト	이집트 イジプトゥ	ケニア	케냐 ケニャ
アラビア語	아랍어 アラボ	スワヒリ語	스와힐리어 スワヒルリオ
カイロ	카이로 カイロ	ナイロビ	나이로비 ナイロビ
アレクサンドリア	알렉산드리아 アルレックサンドゥリア	ウガンダ	우간다 ウガンダ
アルジェリア	알제리 アルジェリ	ガンダ語	루간다어 ルガンダオ
ベルベル語	베르베르어 ペルベルオ	カンパラ	캄팔라 カムパルラ
アルジェ	알제 アルジェ	南アフリカ	남아프리카 ナマプリカ
エチオピア	에티오피아 エティオピア	アフリカーンス語	아프리칸스어 アプリカンスオ
アムハラ語	암하라어 アマラオ	プレトリア	프리토리아 プリトリア
アディスアベバ	아디스아바바 アディスアババ	ケープタウン	케이프타운 ケイプタウン

アメリカ	미국 ミグク	ニュージーランド	뉴질랜드 ニュジルレンドゥ
ワシントン	워싱턴 ウォシントン	ウェリントン	웰링턴 ウェルリントン
ニューヨーク	뉴욕 ニュヨク	メキシコ	멕시코 メクシコ
ロサンゼルス	로스앤젤레스 ロスエンジェルレス	メキシコ シティ	멕시코시티 メクシコシティ
カナダ	캐나다 ケナダ	キューバ	쿠바 クバ
オタワ	오타와 オタワ	ハバナ	아바나 アバナ
トロント	토론토 トロント	ブラジル	브라질 ブラジル
オーストラリア	호주 ホジュ	ブラジリア	브라질리아 ブラジルリア
キャンベラ	캔버라 ケンボラ	アルゼンチン	아르헨티나 アルヘンティナ
シドニー	시드니 シドゥニ	ブエノス アイレス	부에노스 ブエノス 아이레스 アイレス

ハングルで表す外国の地名

　外国の名前は、その国オリジナルの音を表記する場合が多いので、日本語と韓国語の隔たりはそれほどありませんが、いくつか違うところもあります。

　「アメリカ合衆国」＝**미합중국** ミハプチュングク（美合衆国）は、韓国では**미국** ミグク（美国）といいます。日本でも漢字で「米国」と表しますが、韓国語の漢字とは異なります。

　韓国では国名に漢字を使うものも多く、「イギリス」＝**영국** ヨングク（英国）、「オーストラリア」＝**호주** ホジュ（豪州）、「タイ」＝**태국** テグク（泰国）などは、日本語の漢字表記とも一致していますね。

　ところで、「ニュージーランド」＝**뉴질랜드** ニュジルレンドゥ は、「ランド」部分が**랜드**ですが、「アイスランド」＝**아이슬란드** アイスルランドゥ や「ポーランド」＝**폴란드** ポルランドゥ は「ランド」部分が**란드**です。この使い分けは、次のようになります。

● 英国・米国・カナダ・ニュージーランド・
　オーストラリアの地名 ＝ ～**랜드**（レンドゥ）

　　　　스코틀랜드 ＝ スコットランド = **스코틀랜드** スコトゥルレンドゥ

　　　　아일랜드 ＝ アイルランド = **아일랜드** アイルレンドゥ

● そのほかの地域の地名 ＝ ～**란드**（ランドゥ）

　　　　フィンランド ＝ **핀란드** ピンランドゥ

　　　　ポーランド ＝ **폴란드** ポルランドゥ

第 **9** 章

スポーツ・自然

種目・競技

野球	야구 ヤグ	フットサル	풋살 プッサル
ピッチャー	투수 トゥス	ソフトボール	소프트볼 ソプトゥボル
キャッチャー	포수 ポス	ハンドボール	핸드볼 ヘンドゥボル
外野手	외야수 ウェヤス	バレーボール	배구 ペグ
内野手	내야수 ネヤス	バスケット ボール	농구 ノング
サッカー	축구 チュック	アメフト	미식축구 ミシクチュック
ゴール キーパー	골키퍼 コルキポ	ラグビー	럭비 ロッピ
フォワード	공격수 コンギョクス	ホッケー	하키 ハキ
ディフェンダー	수비수 スビス	卓球	탁구 タック

テニス	テニス テニス	柔道	유도 ユド
バドミントン	배드민턴 ペドゥミントン	空手	가라테 カラテ
ゴルフ	골프 コルプ	合気道	합기도 ハプキド
ボクシング	권투 クォントゥ	テコンドー	태권도 テクォンド
キック ボクシング	킥복싱 キクポクシン	剣道	검도 コムド
レスリング	레슬링 レスルリン	フェンシング	펜싱 ペンシン
相撲	씨름 ッシルム	陸上競技	육상 경기 ユクサン ギョンギ
水泳	수영 スヨン	マラソン	마라톤 マラトン
水球	수구 スグ	走り高跳び	높이뛰기 ノピットゥギ
アーティス ティック スイミング	아티스틱 アティスティク 스위밍 スウィミン	走り幅跳び	멀리뛰기 モルリットゥギ

体操	체조 チェジョ	国家代表	국가대표 クッカデピョ
重量挙げ	역도 ヨット	キャプテン	주장 チュジャン
アーチェリー	양궁 ヤングン	応援団	응원단 ウンウォンダン
乗馬	승마 スンマ	グローブ	글러브 クルロブ
射撃	사격 サギョク	ミット	미트 ミトゥ
ビリヤード	당구 タング	ボール	공 コン
ボーリング	볼링 ポルリン	バット	배트 ペドゥ
選手	선수 ソンス	ラケット	라켓 ラケッ
ライバル	라이벌 ライボル	ヘルメット	헬멧 ヘルメッ
審判	심판 シムパン	プロテクター	보호대 ポホデ

競技	경기 キョンギ	得点	득점 トゥクチョム
試合	시합 シハプ	失点	실점 シルチョム
世界大会	세계대회 セゲデフェ	反則	반칙 パンチク
ワールドカップ	월드컵 ウォルドゥコプ	勝負	승부 スンブ
オリンピック	올림픽 オルリムピク	優勝	우승 ウスン
開会式	개막식 ケマクシク	準優勝	준우승 チュヌスン
予選	예선 イエソン	引き分け	무승부 ムスンブ
決勝戦	결승전 キョルスンジョン	新記録	신기록 シンギロク
逆転	역전 ヨクチョン	トロフィー	트로피 トゥロピ
延長戦	연장전 ヨンジャンジョン	メダル	메달 メダル

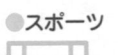

●スポーツ

マリン&ウィンター

サーフィン	서핑 ソピン	水上スキー	수상 스키 スサン　スキ
ウィンドサーフィン	윈드서핑 ウィンドゥソピン	ヨット	요트 ヨトゥ
サーフボード	서핑보드 ソピンボドゥ	ボート	보트 ボトゥ
ダイビング	다이빙 タイビン	櫓ろ	노 ノ
スキューバダイビング	스쿠버 다이빙 スクボ　ダイビン	浮き輪	튜브 トゥブ
シュノーケリング	스노클링 スノクルリン	ビート板	킥보드 キクボドゥ
ゴーグル	수경 スギョン	耳栓	귀마개 クィマゲ
フィン	오리발 オリバル	鼻栓	코마개 コマゲ
ビーチバレー	비치발리볼 ピチバルリボル	水遊び	물놀이 ムルロリ

スキー	スキー スキ	スピード スケート	スピード スケーティング スピドゥ スケイティン
スキー ジャンプ	スキー点フ スキジョムプ	ショート トラック	ショトトラック ショトゥトゥレク
アルペン スキー	アルパイン スキー アルパイン　スキ	フィギュア スケート	ピギョスケイティン ピギョスケイティン
ノルディック スキー	ノルディック スキー ノルディク　スキ	ショート プログラム	ショト プログラム ショトゥ　プログレム
クロス カントリー	クロスカントリー クロスコントゥリ	フリー プログラム	プリ プログラム プリ　プログレム
スキー板	スキー プレート スキ　プルレイトゥ	ダブル アクセル	ダブル アクセル トブル　アクセル
スキーポール	スキー ポル スキ　ポル	トリプル ルッツ	トリプル ラチュ トゥリプル　ロチュ
スノーボード	スノボドゥ スノボドゥ	カーリング	コルリン コルリン
ボブスレー	ボブスレイ ボブスルレイ	個人	ケイン ケイン
アイス ホッケー	アイスハキ アイスハキ	団体	タンチェ タンチェ

アウトドア

釣り	낚시 ナクシ	登山	등산 トゥンサン
川釣り	민물낚시 ミンムルナクシ	トレッキング	트레킹 トゥレキン
海釣り	바다낚시 パダナクシ	ウォーキング	워킹 ウォキン
釣り場	낚시터 ナクシト	ハイキング	하이킹 ハイキン
釣り竿	낚싯대 ナクシッテ	登山靴	등산화 トゥンサヌァ
釣り糸	낚싯줄 ナクシッチュル	登山ステッキ	등산 스틱 トゥンサン スティク
えさ	떡밥 ットクパプ	アイゼン	아이젠 アイジェン
ルアー	루어 ルオ	山荘	산장 サンジャン
玉網	뜰채 ットゥルチェ	頂上	정상 チョンサン

キャンプ	캠핑 ケムピン	ランタン	랜턴 レントン
テント	텐트 テントゥ	懐中電灯	손전등 ソンジョンドゥン
タープ (日差し・雨よけ)	타프 タプ	一口コンロ	휴대용 가스버너 ユデヨン ガスボノ
レジャー パラソル	레저 파라솔 レジョ パラソル	紙コップ	종이컵 チョンイコプ
ハンモック	해먹 ヘモク	紙皿	종이 접시 チョンイ ジョプシ
コッヘル (携帯用調理器具)	코펠 コペル	割り箸	나무젓가락 ナムジョッカラク
バーベキュー	바베큐 パベキュ	折り畳み 椅子	접이식 의자 チョビシグィジャ
炭	숯 スッ	保冷ボックス	보냉박스 ボネンバクス
薪 (まき)	장작 チャンジャク	レジャー シート	피크닉 매트 ピクニク メトゥ
たき火	모닥불 モダクプル	寝袋	침낭 チムナン

● 動物

陸生動物

動物	동물 トンムル	馬	말 マル
雄	수컷 スコッ	シマウマ	얼룩말 オルルンマル
雌	암컷 アムコッ		ㅁの前のパッチムㄱが鼻音化して[얼룽말（オルルンマル）]と発音します。
ライオン	사자 サジャ	トナカイ	순록 スルロク
虎	호랑이 ホランイ		ㄹの前のパッチムㄴが側音化して[술록（スルロク）]と発音します。
ヒョウ	표범 ピョボム	鹿	사슴 サスム
象	코끼리 コッキリ	ヤギ	염소 ヨムソ
熊	곰 コム	ラクダ	낙타 ナクタ
キリン	기린 キリン	ロバ	당나귀 タンナグィ

牛	소 ソ	オオカミ	늑대 ヌクテ
サイ	코뿔소 コップルソ	犬	개 ケ
カバ	하마 ハマ	猫	고양이 コヤンイ
豚	돼지 トェジ	パンダ	판다 パンダ
イノシシ	멧돼지 メットェジ	コアラ	코알라 コアルラ
カンガルー	캥거루 ケンゴル	リス	다람쥐 タラムジュィ
チンパンジー	침팬지 チムペンジ	ウサギ	토끼 トッキ
猿	원숭이 ウォンスンイ	ひづめ	발굽 パルクプ
キツネ	여우 ヨウ	尻尾	꼬리 ッコリ
タヌキ	너구리 ノグリ	角	뿔 ップル

● 動物

水生動物

クジラ	고래 コレ	ラッコ	해달 ヘダル
イルカ	돌고래 トルゴレ	カワウソ	수달 スダル
サメ	상어 サンオ	魚 （生き物としての）	물고기 ムルコギ
ジンベイザメ	고래상어 コレサンオ	淡水魚	민물고기 ミンムルコギ
シャチ	범고래 ポムゴレ	海水魚	바닷물고기 パダンムルコギ
オットセイ	물개 ムルケ		

> 물の ㅁ の前のパッチム ㅅ（発音は[t]）が鼻音化して（p.26）[바단물꼬기（パダンムルコギ）]と発音します。

> 개は習慣的に濁らず濃音化して[물깨（ムルケ）]と発音します。

金魚	금붕어 クムブンオ
アザラシ	바다표범 パダピョボム

熱帯魚	열대어 ヨルテオ

アシカ	강치 カンチ

> 대は習慣的に濁らず濃音化して[열때어（ヨルテオ）]と発音します。

メダカ	송사리 ソンサリ	ジュゴン	듀공 ドュゴン
グッピー	구피 クピ	ナマズ	메기 メギ
クマノミ	흰동가리 ヒンドンガリ	クラゲ	해파리 ヘパリ
トビウオ	날치 ナルチ	タツノオトシゴ	해마 ヘマ
フナ	붕어 プンオ	ザリガニ	가재 カジェ
コイ	잉어 インオ	ヒトデ	불가사리 プルガサリ
ニシキゴイ	비단잉어 ピダンニンオ	サンゴ	산호 サノ
アユ	은어 ウノ	うろこ	비늘 ピヌル
フグ	복어 ポゴ	背びれ	등지느러미 トゥンジヌロミ
マンボウ	개복치 ヘボクチ	えら	아가미 アガミ

両生類・昆虫

両生類	양서류 ヤンソリュ	カメ	거북 コブク
爬虫類	파충류 パチュンニュ	スッポン	자라 チャラ

> パッチム o の次の子音 ㄹ が鼻音化
して [파충뉴（パチュンニュ）] と
発音します。

		ヘビ	뱀 ペム
カエル	개구리 ケグリ	トカゲ	도마뱀 トマベム
アマガエル	청개구리 チョンゲグリ	カメレオン	카멜레온 カメルレオン

> 청개구리には
「あまのじゃく」という意味も
あります。

		ワニ	악어 アゴ
オタマジャクシ	올챙이 オルチェンイ	昆虫	곤충 コンチュン
サンショウウオ	도롱뇽 トロンニョン	虫	벌레 ポルレ
イモリ	영원 ヨンウォン	幼虫	애벌레 エボルレ

さなぎ	번데기 ボンデギ	蜂	벌 ポル
カブトムシ	장수풍뎅이 チャンスプンデンイ	ホタル	반딧불이 パンディップリ
クワガタ	사슴벌레 サスムボルレ	カタツムリ	달팽이 タルペンイ
コガネムシ	풍뎅이 プンデンイ	バッタ	메뚜기 メットゥギ
セミ	매미 メミ	ハエ	파리 パリ
蝶	나비 ナビ	アリ	개미 ケミ
トンボ	잠자리 チャムジャリ	クモ	거미 コミ
カマキリ	사마귀 サマグィ	ムカデ	지네 チネ
テントウムシ	무당벌레 ムダンボルレ	蚊	모기 モギ
コオロギ	귀뚜라미 クィットゥラミ	ゴキブリ	바퀴벌레 パクィボルレ

鳥

鳥	새 セ	鳩	비둘기 ピドゥルギ
渡り鳥	철새 チョルセ	オウム	앵무새 エンムセ
スズメ	참새 チャムセ	カモメ	갈매기 カルメギ
ツバメ	제비 チェビ	カラス	까마귀 ッカマグィ
メジロ	동박새 トンバクセ	カササギ	까치 ッカチ
ウグイス	휘파람새 フィパラムセ	キツツキ	딱따구리 ッタクタグリ
ホトトギス	두견새 トゥギョンセ	カッコウ	뻐꾸기 ッポックギ
ヒバリ	종다리 チョンダリ	鴨	오리 オリ
インコ	잉꼬 インコ	アヒル	집오리 チボリ

ニワトリ	닭 タク	白鳥	백조 ペクチョ
ヒヨコ	병아리 ピョンアリ	鶴	학 ハク
ウズラ	메추라기 メチュラギ	コウノトリ	황새 ファンセ
ガチョウ	거위 コウィ	フラミンゴ	플라밍고 プルラミンゴ
キジ	꿩 ックォン	フクロウ	올빼미 オルペミ
ガン	기러기 キロギ	ミミズク	부엉이 プオンイ
ワシ	독수리 トクスリ	ペンギン	펭귄 ペングィン
タカ	매 メ	翼	날개 ナルゲ
トビ	솔개 ソルゲ	くちばし	부리 プリ
サギ	왜가리 ウェガリ	トサカ	볏 ピョッ

植物

木	**나무** ナム	ケヤキ	**느티나무** ヌティナム
常緑樹	**상록수** サンノクス	柳	**버드나무** ポドゥナム

> パッチム○の次の子音ㄹが
> 鼻音化して
> [상녹수(サンノクス)]と発音します。

イチョウ	**은행나무** ウネンナム

松	**소나무** ソナム	カエデ	**단풍나무** タンプンナム
竹	**대나무** テナム	桜の木	**벚나무** ポンナム

> ㄴの前の벚のパッチムㅈ
> (発音は[t])が鼻音化して
> [번나무(ポンナム)]と発音します。

杉	**삼나무** サムナム

ヒノキ	**노송나무** ノソンナム	月桂樹	**월계수** ウォルゲス
クスノキ	**녹나무** ノンナム	ヤシの木	**야자수** ヤジャス

> ㄴの前の녹のパッチムㄱが
> 鼻音化して
> [농나무(ノンナム)]と発音します。

草	**풀** プル

花	**꽃** ッコッ	チューリップ	**튤립** トゥルリプ
花びら	**꽃잎** ッコンニㇷ゚	ショウブ	**창포** チャンポ

> 꽃と잎の間にㄴが挿入され(p.28)、さらに鼻音化して[꼰닙(ッコンニㇷ゚)]と発音します。

		スイセン	**수선화** スソヌァ
つぼみ	**꽃봉오리** ッコッポンオリ	ヒマワリ	**해바라기** ヘバラギ
チョウセンツツジ	**진달래** チンダルレ	バラ	**장미** チャンミ
ムクゲ	**무궁화** ムグンファ	ユリ	**백합** ペカㇷ゚
朝顔	**나팔꽃** ナパルコッ		

> パッチムㄱと次の子音ㅎが激音化して[배캅(ペカㇷ゚)]と発音します。

スミレ	**제비꽃** チェビッコッ	菊	**국화** ククァ
タンポポ	**민들레** ミンドゥルレ		

> パッチムㄱと次の子音ㅎが激音化して[구콰(ククァ)]と発音します。

レンギョウ	**개나리** ケナリ	アジサイ	**수국** スグㇰ

●自然

自然・資源

自然	**자연** チャヨン	水	**물** ムル
空	**하늘** ハヌル	火	**불** プル
太陽	**태양** テヤン	地	**땅** ッタン
陽の光	**햇빛** ヘッピッ	土	**흙** フク
月	**달** タル	砂	**모래** モレ
月光	**달빛** タルビッ	石	**돌** トル
星	**별** ピョル	岩	**바위** パウィ
空気	**공기** コンギ	鉱物	**광물** クァンムル
酸素	**산소** サンソ	炭鉱	**탄광** タングァン

資源	자원 チャウォン	花崗岩	화강암 ファガンアム
石炭	석탄 ソクタン	レアメタル	희소 금속 ヒソ　グムソク
石油	석유 ソギュ	天然ガス	천연가스 チョニョンガス
油田	유전 ユジョン	電気	전기 チョンギ
金属	금속 クムソク	太陽 エネルギー	태양 에너지 テヤン　エノジ
金	금 クム	風力	풍력 プンニョク
銀	은 ウン		パッチム ㅇ の次の子音 ㄹ が鼻音化 して [풍녁 (プンニョク)] と 発音します。
銅	동 トン	水力	수력 スリョク
鉄	철 チョル	火力	화력 ファリョク
大理石	대리석 テリソク	原子力	원자력 ウォンジャリョク

● 自然

地形・地理

海	バダ パダ	陸	뭍 ムッ
海岸	해안 ヘアン	野原	들판 トゥルパン
島	섬 ソム	盆地	분지 プンジ
湖	호수 ホス	田園	논 ノン
池	연못 ヨンモッ	畑	밭 パッ
沼	늪 ヌプ	山	산 サン
河	강 カン	森	숲 スプ
滝	폭포 ポクポ	渓谷	계곡 ケゴク
丘	언덕 オンドゥ	砂漠	사막 サマク

朝鮮半島	한반도 ハンバンド	洛東江	낙동강 ナットンガン

	漢字で書くと「韓半島」です。	漢江	한강 ハンガン
太平洋	태평양 テピョンヤン	錦江	금강 クムガン
黄海	황해 ファンヘ	太白山脈	태백산맥 テベクサンメク
東海岸	동해안 トンヘアン	白頭山	백두산 ペクトゥサン
西海岸	서해안 ソヘアン	金剛山	금강산 クムガンサン
南海岸	남해안 ナメアン	漢拏山	한라산 ハルラサン
鴨緑江	압록강 アムノクカン		ㄹの前のパッチムㄴが側音化して[할라산(ハルラサン)]と発音します。
	압のパッチムㅂと次の子音ㄹが鼻音化して[암녹깡(アムノクカン)]と発音します。	雪岳山	설악산 ソラクサン
豆満江	두만강 トゥマンガン	智異山	지리산 チリサン

天体・宇宙

太陽系	**태양계** テヤンゲ	冥王星	**명왕성** ミョンワンソン
水星	**수성** スソン	恒星	**항성** ハンソン
金星	**금성** クムソン	惑星	**행성** ヘンソン
地球	**지구** チグ	彗星	**혜성** ヘソン
火星	**화성** ファソン	ブラックホール	**블랙홀** プルレコル
木星	**목성** モクソン	流星	**유성** ユソン
土星	**토성** トソン	隕石	**운석** ウンソク
天王星	**천왕성** チョヌアンソン	宇宙	**우주** ウジュ
海王星	**해왕성** ヘワンソン	銀河	**은하** ウナ

望遠鏡	망원경 マンウォンギョン	大気圏	대기권 テギックォン
天体観測	천체 관측 チョンチェ グァンチュク	권は習慣的に濁らず濃音化して [대기꿘 (テギックォン)] と 発音します。	
日食	일식 イルシク	無重力	무중력 ムジュンニョク
月食	월식 ウォルシク	중のパッチムㅇの次の子音ㄹが 鼻音化して [무중녁 (ムジュンニョク)] と発音します。	
人工衛星	인공위성 インゴンウィソン	天文台	천문대 チョンムンデ
スペース シャトル	우주 왕복선 ウジュ ワンボクソン	NASA	나사 ナサ
漢字で書くと「宇宙往復船」です。		航空宇宙局	항공 우주국 ハンゴン ウジュグク
ロケット	로켓 ロケッ	宇宙 ステーション	우주 정거장 ウジュジョンゴジャン
宇宙船	우주선 ウジュソン	宇宙人	외계인 ウェゲイン
宇宙飛行士	우주 비행사 ウジュ ビヘンサ	漢字で書くと「外界人」です。	

星座・星

星座	**별자리** ピョルジャリ	獅子座	**사자자리** サジャジャリ
水がめ座	**물병자리** ムルピョンジャリ	乙女座	**처녀자리** チョニョジャリ

> 병は習慣的に濁らず濃音化して
> [물뼝（ムルピョン）]と発音します。

		天秤座	**천칭자리** チョンチンジャリ
魚座	**물고기자리** ムルコギジャリ	さそり座	**전갈자리** チョンガルジャリ

> 고は習慣的に濁らず濃音化して
> [물꼬기（ムルコギ）]と発音します。

		射手座	**사수자리** サスジャリ
牡羊座	**양자리** ヤンジャリ	山羊座	**염소자리** ヨムソジャリ
牡牛座	**황소자리** ファンソジャリ	アンドロメダ座	**안드로메다자리** アンドゥロメダジャリ
双子座	**쌍둥이자리** ッサンドゥンイジャリ	カシオペア座	**카시오페이아자리** カシオペイアジャリ
蟹座	**게자리** ケジャリ	ペガサス座	**페가수스자리** ペガススジャリ

天の川	은하수 ウナス	シリウス	시리우스 シリウス
七夕	칠석 チルソク	おおいぬ座	큰개자리 クンゲジャリ
織姫	직녀 チンニョ	ベテルギウス	베텔게우스 ペテルゲウス

ㄴの前のパッチムㄱが鼻音化して
[징녀(チンニョ)]と発音します。

彦星	견우 キョヌ	オリオン座	오리온자리 オリオンジャリ
北極星	북극성 プククソン	プロキオン	프로키온 プロキオン
ポラリス	폴라리스 ポルラリス	こいぬ座	작은개자리 チャグンゲジャリ
北斗七星	북두칠성 プクトゥチルソン	夏の大三角形	여름의 대삼각형 ヨルメ デサムガキョン
冬の大三角形	겨울의 대삼각형 キョウレ デサムガキョン	ベガ	베가 ペガ

大삼각형(大三角形)は、パッチム
ㄱと次の子音ㅎが激音化します
（「夏の大三角形」も同様です）。

		デネブ	데네브 テネブ
		アルタイル	알타이르 アルタイル

天気・気候

天気	**날씨** ナルシ	風	**바람** パラム
気象庁	**기상청** キサンチョン	強風	**강풍** カンプン
天気予報	**일기예보** イルギイェボ	嵐	**폭풍우** ポクプンウ
晴れ	**맑음** マルグム	台風	**태풍** テプン
曇り	**흐림** フリム	みぞれ	**진눈깨비** チンヌンケビ
雲	**구름** クルム	ひょう	**우박** ウバク
雨	**비** ピ	雪	**눈** ヌン
霧雨	**이슬비** イスルビ	吹雪	**눈보라** ヌンボラ
にわか雨	**소나기** ソナギ	稲妻	**번개** ポンゲ

雷	천둥 チョンドゥン	気温	기온 キオン
雷雨	뇌우 ヌェウ	寒さ	추위 チュウィ
霧	안개 アンゲ	暑さ	더위 トウィ
高気圧	고기압 コギア프	霜	서리 ソリ
低気圧	저기압 チョギア프	夕焼け	노을 ノウル
寒冷前線	한랭 전선 ハルレン ジョンソン	虹	무지개 ムジゲ

한랭(寒冷)は、
ㄹの前のパッチムㄴが側音化して
[할랭(ハルレン)]と発音します。

黄砂	황사 ファンサ

降水確率	강수 확률 カンス ファンニュル	熱帯夜	열대야 ヨルテヤ

확률(確率)は、パッチムㄱと
次の子音ㄹが鼻音化して
[황뉼(ファンニュル)]と発音します。

대は習慣的に濁らず濃音化して
[열때야(ヨルテヤ)]と発音します。

湿度	습도 スㇳ	酷暑	폭염 ポギョム

● 自然

環境問題

環境問題	환경 문제 ファンギョン ムンジェ	原発	원전 ウォンジョン
公害	공해 コンヘ	日本では縮めて「原発」といいますが、韓国語では「原電」です。	
海洋汚染	해양 오염 ヘヤン　オヨム	原子力 発電所	원자력발전소 ウォンジャリョクパルチョンソ
土壌汚染	토양 오염 トヤン　オヨム	전は習慣的に濁らず濃音化して［발전소（パルチョンソ）］と発音します。	
水質汚染	수질 오염 スジロヨム	核廃棄物	핵 폐기물 ヘク　ペギムル
大気汚染	대기 오염 テギ　オヨム	放射線	방사선 パンサソン
排気ガス	배기가스 ペギガス	基準値	기준치 キジュンチ
有害物質	유해 물질 ユヘ　ムルチル	風評被害	풍평피해 プンピョンピヘ
地質調査	지질 조사 チジル　ジョサ	脱原発	탈원전 タルォンジョン

異常気象	이상 기상 イサン キサン	過剰包装	과잉 포장 クァイン ポジャン
温暖化	온난화 オンナヌァ	エコ	에코 エコ
二酸化炭素	이산화탄소 イサヌァタンソ	リサイクル	재활용 チェファリョン
オゾン層	오존층 オジョンチュン	生態系	생태계 センテゲ
紫外線	자외선 チャウェソン	環境に やさしい	친환경 チヌァンギョン
ヒートアイランド 現象	열섬 현상 ヨルソミョンサン	自然保護	자연보호 チャヨンボホ
酸性雨	산성비 サンソンビ	節電	절전 チョルチョン
アスベスト	석면 ソンミョン	전は習慣的に濁らず濃音化して ［절쩐（チョルチョン）］と発音します。	
ごみ問題	쓰레기 문제 ッスレギ ムンジェ	無農薬	무농약 ムノンヤク
不法投棄	불법 투기 プルボプ トゥギ	再生可能 エネルギー	재생 가능 에너지 チェセンガヌンエノジ

「韓国語」か？「朝鮮語」か？

韓国では「**조선** チョソン（朝鮮）」という語をあまり使いません。朝鮮半島のことは「**한반도** ハンバンド（韓半島）」（p.327）といいます。**조선** チョソン（朝鮮）は、朝鮮民主主義人民共和国を想起させるからでしょう。韓国では「**한반도** ハンバンド（韓半島）」といえば韓国だけでなく朝鮮半島全域を示し、「**한국어** ハングゴ（韓国語）」は朝鮮半島全域で使っている言葉を指します。

一方、北朝鮮では朝鮮半島の言葉を「**조선어** チョソノ（朝鮮語）」といいます。同じ1つの言語が、分断によって2つの名称を持つようになってしまったわけです。分断が長引くに従い、政治体制の違いや文化の違いによって、言葉の違いも生まれてしまっています。

日本では長らく、地理的に朝鮮半島という地域で使われる言葉という意味で「朝鮮語」という名称を使っていて、今でも学術的な場では「朝鮮学会」「朝鮮語教育学会」などのように「朝鮮語」が一般的です。大学における第二外国語としての名称を見ても、多くの大学では「朝鮮語」の名称が使われています。しかし、「韓国朝鮮語」、「韓国語/朝鮮語」、「コリア語」、「韓国語」などの名称を使っている大学もあります。同じ言語を扱っているのに、名称がさまざまに揺れています。

「韓国語」以外の名称を使っている大学でも、それぞれの大学には韓国からの留学生も多くいますし、実際に交流する先は韓国になりますから、日常的には「韓国語」と呼んでいるのが実情です。

第 **10** 章

トラブル

駅・空港で

不審者	거동 수상자 コドン スサンジャ	紛失	분실 プンシル
不審物	의심 물체 ウィシム ムルチェ	忘れ物	분실물 プンシルムル
通報	신고 シンゴ	乗り物酔い	멀미 モルミ
ICカード	교통카드 キョトンカドゥ	遅れる	늦다 ヌッタ
チャージ	충전 チュンジョン	渋滞する	길이 막히다 キリ マキダ
エラー	에러 エロ		直訳すると「道が詰まる」。막히다は、パッチムㄱと次の子音のㅎが激音化して発音されます。
払い戻し	환불 ファンブル	落とす	떨어뜨리다 ットロットゥリダ
残額不足	잔액 부족 チャネク プジョク	（電車を） 逃す	놓치다 ノッチダ
遅延	지연 チヨン	乗り間違える	잘못 타다 チャルモッ タダ

仁川に行くバスですか？	**인천에 가는 버스 맞아요?** インチョネ　カヌン　ボス　マジャヨ
バスを乗り間違えました。	**버스를 잘못 탔어요.** ポスルル　ジャルモッ　タッソヨ
飛行機が遅れています。	**비행기가 지연되고 있어요.** ピヘンギガ　ジヨンドェゴ　イッソヨ
終電を逃しました。	**막차를 놓쳤어요.** マッチャルル　ノッチョッソヨ
バスに財布を忘れました。	**버스에 지갑을 놓고 내렸어요.** ポスエ　チガブル　ノコ　ネリョッソヨ
携帯電話を線路に 落としました。	**핸드폰을 선로에 떨어뜨렸어요.** ヘンドゥポヌル　ソルロエ　ットロットゥリョッソヨ
座席が離れて しまいました。	**일행인데 자리가 떨어졌습니다.** イレンインデ　ジャリガ　ットロジョッスムニダ
席を替わって いただけますか？	**자리를 바꿔 주시겠습니까?** チャリルル　バックォ　ジュシゲッスムニッカ
乗り物酔いです。	**멀미 났어요.** モルミ　ナッソヨ
預けた荷物が 出てきません。	**맡긴 짐이 안 나와요.** マッキン　ジミ　アン　ナワヨ

ホテルで

カードキー	카드키 カドゥキ	換気	환기 ファンギ
戸締まり	문단속 ムンダンソク	電球	전구 チョング
騒音	소음 ソウム	お湯	따뜻한 물 ッタッットゥタン ムル
隣の部屋	옆방 ヨッパン	水漏れ	물이 샘 ムリ セム
廊下	복도 ポクト	カビ	곰팡이 コムパンイ
天井	천장 チョンジャン	タバコの におい	담배 냄새 タムベ ネムセ
冷房	냉방 ネンバン	うるさい	시끄럽다 シックロッタ
暖房	난방 ナンバン	（ほかのものに） 替える	바꾸다 パックダ
エアコン	에어컨 エオコン	（新しいものに） 替える	갈다 カルダ

部屋を替えてください。	방을 바꿔 주세요. パンウル バックォ ジュセヨ
隣の部屋がうるさいです。	옆방이 시끄러워요. ヨプパンイ シックロウォヨ
エアコンが効きません。	에어컨이 잘 안돼요. エオコニ ジャル アンドェヨ
冷房が強すぎます。	냉방이 너무 강해요. ネンバンイ ノム ガンヘヨ
電球を替えてください。	전구를 갈아 주세요. チョングルル カラ ジュセヨ
タバコ臭いです。	담배 냄새가 나요. タムベ ネムセガ ナヨ
トイレが詰まりました。	화장실이 막혔어요. ファジャンシリ マキョッソヨ
お湯が出ません。	따뜻한 물이 안 나와요. ッタッウタン ムリ アン ナワヨ
天井から水漏れします。	천장에서 물이 샙니다. チョンジャンエソ ムリ セムニダ
荷物を預けられますか?	짐을 맡아 주시겠어요? チムル マタ ジュシゲッソヨ

🏮 レストランで

注文	주문 チュムン	ホコリ	먼지 モンジ
メニュー	메뉴 メニュ	ふきん	행주 ヘンジュ
偏食	편식 ピョンシク	汚い	더럽다 トロプタ
アレルギー	알레르기 アルレルギ	遅い	늦다 ヌッタ
量	양 ヤン	熱い	뜨겁다 ットゥゴプタ
取り皿	앞접시 アプチョプシ	ぬるい	미지근하다 ミジクナダ
ひび	금 クム	こぼす	엎지르다 オプチルダ
髪の毛	머리카락 モリカラク	温める	데우다 テウダ
虫	벌레 ポルレ	キャンセル	취소 チュイソ

メニューをください。	메뉴를 주세요. メニュルル　ジュセヨ
からさ控えめで お願いします。	덜 맵게 해주세요. トル　メプケ　ヘジュセヨ
これ、頼んでいません。	이거 안 시켰어요. イゴ　アン　シキョッソヨ
注文したものが まだ来ていません。	주문한 게 아직 안 나왔어요. チュムナン　ゲ　アジク　アン　ナワッソヨ
コーヒーを こぼしてしまいました。	커피를 엎질렀습니다. コピルル　オプチルロッスムニダ
ふきんでふいてください。	행주로 닦아 주세요. ヘンジュロ　ダッカ　ジュセヨ
温めなおしてください。	다시 데워주세요. タシ　デウォジュセヨ
料理に髪の毛が 入っています。	음식에 머리카락이 들어있어요. ウムシゲ　モリカラギ　ドゥロイッソヨ
コップに口紅が 付いています。	컵에 립스틱이 묻어 있어요. コベ　リプスティギ　ムド　イッソヨ
お皿が汚れています。	접시가 더러워요. チョプシガ　ドロウォヨ

●場面別

ショップで

返品	**반품** パンプム	破損	**파손** パソン
返金	**환불** ファンブル	しみ	**얼룩** オルルク
交換	**교환** キョファン	賞味期限	**유통 기한** ユトン ギハン
サイズ交換	**사이즈 교환** サイジュ ギョファン	消費期限	**소비 기한** ソビ ギハン
在庫品	**재고품** チェゴプム	未開封	**미개봉** ミゲボン
返品不可	**반품 불가** パンプム ブルガ	未使用	**미사용** ミサヨン
セール商品	**세일 상품** セイル サンプム	開ける、 破る	**뜯다** ットゥッタ
ファスナー	**지퍼** ジポ	着る	**입다** イプタ
ボタン	**단추** タンチュ	使う	**쓰다** ッスダ

ウェストがぶかぶかです。	허리가 너무 헐렁해요. ホリガ　ノム　ホルロンヘヨ
ファスナーが 上がりません。	지퍼가 안 올라가요. ジポガ　アノルラガヨ
腕が少しきついです。	팔이 좀 조이네요. パリ　ジョム　ジョイネヨ
ほかのサイズに 替えてください。	다른 사이즈로 바꿔 주세요. タルン　サイジュロ　バックォ　ジュセヨ
服にしみがあります。	옷에 얼룩이 있어요. オセ　オルルギ　イッソヨ
返品できますか？	반품할 수 있어요? パンプマル　ス　イッソヨ
ボタンがとれています。	단추가 떨어져 있어요. タンチュガ　ットロジョ　イッソヨ
一度も着ていません。	한번도 안 입었어요. ハンボンド　アン　ニボッソヨ
まだ開けてもいません。	포장도 안 뜯었어요. ポジャンド　アン　トゥドッソヨ
賞味期限が切れています。	유통기한이 지났어요. ユトンギハニ　ジナッソヨ

コンサート会場で

座席番号	좌석번호 チャソクポノ	公演中止	공연 중지 コンヨン ジュンジ
列	줄 チュル	録音禁止	녹음 금지 ノグム グムジ
指定席	지정석 チジョンソク	観覧マナー	관람 매너 クアルラム メノ
発券	발권 パルクォン	遅延客	지연 관객 チヨン グァンゲク
二重発券	중복 발권 チュンボク パルクォン	食べ物 持ち込み	음식물 반입 ウムシンムル バニプ
当日券	당일 티켓 タンイル ティケッ	写真撮影	사진 촬영 サジン チャリョン
売り切れ	매진 メジン	モバイル チケット	모바일 티켓 モバイル ティケッ
転売チケット	암표 アムピョ	QRコード	큐알코드 キュアルコドゥ
ダフ屋	암표상 アムピョサン	列に並ぶ	줄서다 チュルソダ

当日券はありますか?	당일 티켓이 있어요? タンイル　ティケシ　イッソヨ
ここ、私の席です。	여기 제 자리인데요. ヨギ　ジェ　ジャリインデヨ
座席番号を確認してください。	좌석번호를 확인해 주세요. チャソクポノルル　ファギネ　ジュセヨ
私が先に並んでいたんですが。	제가 먼저 줄섰는데요. チェガ　モンジョ　ジュルソンヌンデヨ
押さないでください。	밀지 마세요. ミルジ　マセヨ
前が見えません。	앞이 안 보여요. アピ　アン　ボヨヨ
座ってください。	앉아 주세요. アンジャ　ジュセヨ
携帯の電源を切ってください。	휴대폰 전원을 끄세요. ヒュデポン　ジョヌォヌル　クセヨ
行けなくなりました。	못 가게 되었어요. モッ　カゲ　ドェオッソヨ
代わりに行ってくれますか?	대신 가줄래요? テシン　ガジュルレヨ

● 場面別

観光地で

案内図	안내도 アンネド	音声ガイド	음성 가이드 ウムソン ガイドゥ
同行者	일행 イレン	案内放送	안내 방송 アンネ パンソン
ツアー客	투어객 トゥオゲク	道に迷う	길을 잃다 キルル イルタ
観光案内所	관광 안내소 クァングァン アンネソ	案内する	안내하다 アンネハダ
外国語 案内板	외국어 안내판 ウェグゴ アンネパン	ぼられる	바가지 쓰다 パガジ ッスダ
ロッカー	물품 보관함 ムルプム ポグァナム	不当に高い 料金	바가지 요금 パガジ ヨグム
通訳	통역 トンヨク	教える	가르치다 カルチダ
ガイド	안내원 アンネウォン	拾う	줍다 チュプタ
自動翻訳機	자동 번역기 チャドン ボニョクキ	触れる	대다 テダ

迷子になりました。	길을 잃었는데요. キルル　イロンヌンデヨ
同行者とはぐれました。	일행을 잃어버렸어요. イレンウル　イロボリョッソヨ
道を教えてください。	길 좀 가르쳐 주시겠어요? キル　チョム　ガルチョ　ジュジゲッソヨ
聞き取れませんでした。	못 알아들었어요. モダラドゥロッソヨ
日本語の通訳を お願いします。	일본어 통역 부탁합니다. イルボノ　トンヨク　プタカムニダ
手を触れないでください。	손 대지 마세요. ソン　デジ　マセヨ
財布を拾いました。	지갑을 주웠는데요. チガブル　ジュウォンヌンデヨ
マナーを守ってください。	매너 지키세요. メノ　ジキセヨ
コインロッカーは ありますか?	물품 보관함이 있어요? ムルプム　ボグァナミ　イッソヨ
トイレはどこですか?	화장실이 어디예요? ファジャンシリ　オディエヨ

犯罪・盗難・事故

暴力	폭력 ポンニョク

> パッチム ㄱ と
次の子音 ㄹ が鼻音化して
[퐁녁 (ポンニョク)] と発音します。

恐喝	공갈 コンガル
脅迫	협박 ヒョプパク
拉致	납치 ナプチ
強盗	강도 カンド
殺人	살인 サリン
凶悪犯	강력범 カンニョクポム

> パッチム ○ の次の子音 ㄹ が鼻音化し、さら
にパッチム ㄱ の次の子音 ㅂ が濃音化して
[강녁뻠 (カンニョクポム)] と発音します。

セクハラ	성추행 ソンチュヘン
痴漢	치한 チハン
強姦	강간 カンガン
性犯罪	성범죄 ソンボムジェ
買売春	매매춘 メメチュン
検閲	검열 コミョル
ひったくり	날치기 ナルチギ
すり	소매치기 ソメチギ
詐欺	사기 サギ

ボイス フィッシング	보이스 피싱 ボイス　ピシン	交通事故	교통사고 キョトンサゴ
盗難	도난 トナン	ひき逃げ	뺑소니 ッペンソニ
泥棒	도둑 トドゥク	飲酒運転	음주 운전 ウムジュ ウンジョン
盗聴	도청 トチョン	不注意運転	부주의 운전 プジュイ ウンジョン
盗撮	도촬 トチャル	信号無視	신호무시 シノムシ
損害賠償	손해 배상 ソネベサン	駐車違反	주차 위반 チュチャ ウィバン
罰金	벌금 ポルグム	速度違反	속도 위반 ソクト ウィバン
目撃者	목격자 モクキョクチャ	結婚前に妊娠する 「できちゃった婚」の意味でも 使われます。	
未遂	미수 ミス	シートベルト	안전벨트 アンジョンベルトゥ
防犯	방범 パンボム	エアバッグ	에어백 エオベク

警察・事件

警察	**경찰** キョンチャル	職務質問	**불심검문** プルシムゴムムン
事件	**사건** サッコン	現行犯	**현행범** ヒョネンボム

> 건は習慣的に濁らず濃音化して
> [사껀 (サッコン)] と発音します。

		容疑者	**용의자** ヨンイジャ
刑事	**형사** ヒョンサ	指名手配	**지명 수배** チミョン スベ
犯罪	**범죄** ポムジェ	逮捕	**체포** チェポ
違法行為	**불법 행위** プルボプ ヘンウィ	自首	**자수** チャス
嫌疑	**혐의** ヒョミ	連行	**연행** ヨネン
捜査	**수사** スサ	出頭	**출두** チュルトゥ
摘発	**적발** チョクパル	取り調べ	**취조** チュイジョ

拷問	고문 コムン	盗作	표절 ピョジョル
自白	자백 チャベク	犯罪者	범죄자 ポムジェジャ
現場検証	현장 검증 ヒョンジャン ゴムジュン	裁判	재판 チェパン
えん罪	누명 ヌミョン	起訴	기소 キソ
真犯人	진범 チンボム	立証	입증 イプチュン
前科者	전과자 チョンクァジャ	証拠	증거 チュンゴ
過失致死	과실 치사 クァシル チサ	刑務所	교도소 キョドソ
名誉毀損	명예 훼손 ミョンイェ フェソン	面会	면회 ミョネ
殺人犯	살인범 サリンボム	身元保証	신원 보증 シヌォン ボジュン
麻薬犯	마약범 マヤクポム	釈放	석방 ソクパン

●犯罪・災害

災害

災害	재해 チェヘ	落雷	낙뢰 ナンヌェ
避難	피난 ピナン		パッチム ㄱ と 次の子音 ㄹ が鼻音化して [낭뇌 (ナンヌェ)] と発音します。
干ばつ	가뭄 カムム	ハリケーン	허리케인 ホリケイン
寒波	한파 ハンパ	氾濫 はんらん	범람 ポムナム
凍結路面	빙판길 ピンパンキル		パッチム ㅁ の次の子音 ㄹ が鼻音化して [범남 (ポムナム)] と発音します。
	길は習慣的に濁らす濃音化して [빙판낄 (ピンパンキル)] と 発音します。	水害	수해 スヘ
注意報	주의보 チュウィボ	洪水	홍수 ホンス
警報	경보 キョンボ	水没	수몰 スモル
豪雨	호우 ホウ	爆発	폭발 ポクパル

火災	화재 ファジェ	山崩れ	산사태 サンサテ
山火事	산불 サンプル	なだれ 雪崩	눈사태 ヌンサテ

> 불は習慣的に濁らず濃音化して
> [산뿔 (サンプル)] と発音します。

炎	불길 プルキル	遭難	조난 チョナン

> 길は習慣的に濁らず濃音化して
> [불낄 (プルキル)] と発音します。

活火山	활화산 ファルァサン	地震	지진 チジン
噴火	분화 プヌァ	余震	여진 ヨジン
落石	낙석 ナクソク	震源地	진원지 チヌォンジ
がけ崩れ	절벽 붕괴 チョルビョク ブングェ	マグニチュード	매그니튜드 メグニトゥドゥ
土砂崩れ	토사 붕괴 トサ ブングェ	震度	진도 チンド
		津波	해일 ヘイル
		救助活動	구조 활동 クジョ ファルトン

病院

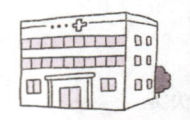

総合病院	종합 병원 チョンハァ ピョンウォン	手術室	수술실 ススルシル
専門病院	전문 병원 チョンムン ピョンウォン	麻酔	마취 マチィ
救急センター	응급센터 ウングァセント	ICU	중환자실 チュンファンジャシル
医院	의원 ウィウォン	執刀医	집도의 チットゥィ
漢方医院	한의원 ハヌィウォン	主治医	주치의 チュチウィ
ウィルス	바이러스 パイロス	院長	원장 ウォンジャン
ワクチン	백신 ペクシン	看護師	간호사 カンホサ
救急車	구급차 クグプチャ	入院	입원 イブォン
担架	들것 トゥルコッ	退院	퇴원 トェウォン

ナースコール	**너스콜** ノスコル	外来	**외래** ウェレ
リハビリ	**재활** チェファル	初診	**초진** チョジン
漢字で書くと「再活」です。		再診	**재진** チェジン
車いす	**휠체어** フィルチェオ	保険証	**보험증** ポホムチュン
松葉杖	**목발** モクパル	問診表	**문진표** ムンジンピョ
免疫力	**면역력** ミョニョンニョク	診察室	**진찰실** チンチャルシル
역のパッチム ㄱ と次の子音 ㄹ が鼻音化して [며녕녁（ミョニョンニョク）] と発音します。		カルテ	**차트** チャトゥ
見舞い	**문병** ムンビョン	診断書	**진단서** チンダンソ
病棟	**병동** ピョンドン	医療事故	**의료 사고** ウィリョ サゴ
患者	**환자** ファンジャ	誤診	**오진** オジン

診療科・診察

内科	내과 ネックァ	呼吸器科	호흡기과 ホフッキックァ
	～과（～科）は習慣的に濁らず濃音化して［꽈(ッ䍴)］と発音します（ほかの「～科」も同様です）。	歯科	치과 チックァ
外科	외과 ウェックァ	口腔外科	구강외과 クガンウェックァ
小児科	소아과 ソアックァ	眼科	안과 アンクァ
産婦人科	산부인과 サンブインクァ	耳鼻咽喉科	이비인후과 イビイヌックァ
消化器科	소화기과 ソファギックァ	皮膚科	피부과 ピブックァ
循環器科	순환기과 スヌァンギックァ	形成外科	성형외과 ソンヒョンウェックァ
泌尿器科	비뇨기과 ピニョギックァ	整形外科	정형외과 チョンヒョンウェックァ
脳神経外科	뇌신경외과 ヌェシンギョンウェックァ	美容外科	미용외과 ミヨンウェックァ

放射線科	방사선과 パンサソンクァ	血液検査	혈액 검사 ヒョレク　コムサ
神経科	신경과 シンギョンクァ	血糖値	혈당치 ヒョルタンチ
精神科	정신과 チョンシンクァ		당は習慣的に濁らず濃音化して ［혈땅치（ヒョルタンチ）］と 発音します。
健康診断	건강 검진 コンガン　ゴムジン	心電図	심전도 シムジョンド
人間ドック	종합 검진 チョンハプ コムジン	超音波	초음파 チョウムパ
CT撮影	시티촬영 シティチャリョン	レントゲン	엑스레이 エクスレイ
MRI	엠알아이 エマライ	遺伝子検査	유전자 검사 ユジョンジャ　ゴムサ
内視鏡検査	내시경 검사 ネシギョン　ゴムサ	精密検査	정밀 검사 チョンミル ゴムサ
検便	대변 검사 テビョン　ゴムサ	陽性	양성 ヤンソン
検尿	소변 검사 ソビョン　ゴムサ	陰性	음성 ウムソン

● 病気・ケガ

病名

風邪	**감기** カムギ	食中毒	**식중독** シクチュンドゥ
花粉症	**꽃가루 알레르기** ッコッカル アルレルギ	感染症	**감염증** カミョムチュン
気管支炎	**기관지염** キグァンジヨム	風疹	**풍진** プンジン
肺炎	**폐렴** ペリョム	はしか	**홍역** ホンヨゥ
結核	**결핵** キョレゥ	たいじょうほうしん 帯状疱疹	**대상포진** テサンポジン
胃炎	**위염** ウィヨム	あせも	**땀띠** ッタムティ
肝炎	**간염** カニョム	水虫	**무좀** ムジョム
盲腸炎	**맹장염** メンジャンニョム	凍傷	**동상** トンサン
ぼうこう炎	**방광염** パングァンニョム	やけど	**화상** ファサン

ものもらい	**다래끼** タレッキ	脳腫瘍	**뇌종양** ヌェジョンヤン	
角膜炎	**각막염** カンマンニョム	脳出血	**뇌출혈** ヌェチュリョル	
		白血病	**백혈병** ペキョルピョン	

각막と염の間にㄴが挿入され
(p.28)、さらに鼻音化して[강망념
(カンマンニョム)]と発音します。

パッチムㄱと次の子音ㅎが激音化
し、병も濁らず濃音化して[배켤뼝
(ペキョルピョン)]と発音します。

痴ほう症	**치매증** チメチュン	MERS （マーズ）	**메르스** メルス	
うつ病	**우울증** ウウルチュン	負傷	**부상** プサン	
パニック障害	**공황 장애** コンファン ジャンエ	骨折	**골절** コルチョル	
記憶喪失	**기억 상실** キオゥ サンシル	打撲傷	**타박상** タバゥサン	
脳しんとう	**뇌진탕** ヌェジンタン	ねんざ	**염좌** ヨムジャ	
糖尿病	**당뇨병** タンニョピョン	靴ずれ	**뒤꿈치 까짐** トゥックムチッカジム	
がん	**암** アム			

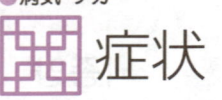

●病気・ケガ
症状

症状	증상 チュンサン	発熱	발열 パリョル
痛み	통증 トンチュン	鼻水	콧물 コンムル
痒み	가려움 カリョウム	ロの前のパッチムㅅ（発音は[t]）が鼻音化して［콘물（コンムル）］と発音します。	
頭痛	두통 トゥトン	鼻づまり	코 막힘 コ　マキム
歯痛	치통 チトン	パッチムㄱと次の子音ㅎが激音化して［코 마킴（コ マキㇺ）］と発音します。	
腹痛	복통 ポクトン	鼻血	코피 コピ
せき 咳	기침 キチㇺ	鼻炎	비염 ピヨㇺ
たん 痰	가래 カレ	くしゃみ	재채기 チェチェギ
のどの痛み	목 통증 モㇰ トンチュン	消化不良	소화 불량 ソファ ブルリャン

吐き気	구역질 クヨクチル	生理痛	생리통 センニトン
便秘	변비 ピョンビ	じんましん	두드러기 トゥドゥロギ
下痢	설사 ソルサ	水ぶくれ	물집 ムルチプ
貧血	빈혈 ピニョル	発疹	발진 パルチン
低血圧	저혈압 チョヒョラプ	更年期障害	갱년기 장애 ケンニョンギ ジャンエ
高血圧	고혈압 コヒョラプ	肩こり	어깨 결림 オッケ ギョルリム
不整脈	부정맥 プジョンメク	耳鳴り	귀울림 クィウルリム
皮膚炎	피부염 ピブヨム	不眠症	불면증 プルミョンチュン
膿 (うみ)	고름 コルム	痙攣 (けいれん)	경련 キョンニョン
出血	출혈 チュリョル	麻痺 (まひ)	마비 マビ

治療

治療	치료 チリョ	切開	절개 チョルゲ
応急処置	응급 조치 ウングァ チョチ	抜歯	발치 パルチ
心肺蘇生術	심폐소생술 シムペソセンスル	殺菌	살균 サルギュン
心臓マッサージ	심장 마사지 シムジャン マサジ	注射	주사 チュサ
人工呼吸	인공호흡 インゴンホフプ	手術	수술 ススル
電気ショック	전기 쇼크 チョンギ ショク	輸血	수혈 スヒョル
止血	지혈 チヒョル	点滴	링거 リンゴ
胃洗浄	위세척 ウィセチョク	透析	투석 トゥソク
消毒	소독 ソドゥ	療養	요양 ヨヤン

臓器移植	장기 이식 チャンギ イシク	催眠療法	최면 요법 チェミョンニョポプ
臓器提供	장기 기증 チャンギ ギジュン	漢医学	한의학 ハニハク
延命治療	연명 치료 ヨンミョン チリョ	漢方薬	한약 ハニャク
抗がん治療	항암 치료 ハンアム チリョ	煎じ薬	탕약 タンヤク
理学療法	물리 치료 ムルリ チリョ	滋養強壮剤	보약 ポヤク
薬物治療	약물치료 ヤンムルチリョ	薬草	약초 ヤクチョ

> 약물（薬物）は、ㅁの前のパッチムㄱが鼻音化して［양물（ヤンムル）］と発音します。

		お灸	뜸 ットゥム
民間療法	민간요법 ミンガンニョポプ	鍼治療	침 치료 チム チリョ

> 민간と요법の間にㄴが挿入され（p.28）、また법が濃音化して［민간
뇨뻡（ミンガンニョポプ）］と発音します。

		鍼灸師	침구사 チムグサ
自然治癒力	자연 치유력 チャヨン チユリョク	指圧	지압 チアプ

体の部位

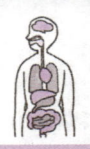

体	**몸** モム	ひじ	**팔꿈치** パルクムチ
頭	**머리** モリ	わき	**겨드랑이** キョドゥランイ
胸	**가슴** カスム	手	**손** ソン
背中	**등** トゥン	指	**손가락** ソンカラク
腹	**배** ペ	手の爪	**손톱** ソントプ
腰	**허리** ホリ	脚（股から つま先まで）	**다리** タリ
尻	**엉덩이** オンドンイ	膝^{ひざ}	**무릎** ムルプ
腕	**팔** パル	足（足首から下）	**발** パル
肩	**어깨** オッケ	足の爪	**발톱** パルトプ

髪の毛	머리카락 モリカラク	あご	턱 トク
顔	얼굴 オルグル	のど、首	목 モク
額	이마 イマ	脳	뇌 ヌエ
頬	볼 ポル	心臓	심장 シムジャン
目	눈 ヌン	肺	폐 ペ
鼻	코 コ	腎臓	신장 シンジャン
耳	귀 クィ	肝臓	간장 カンジャン
口	입 イプ	胃	위 ウィ
唇	입술 イプスル	甲状腺	갑상선 カプサンソン
歯	이 イ	血管	혈관 ヒョルグァン

韓国語特有の、体や動物にまつわる慣用表現を紹介します。

● **体にまつわる慣用表現**

손이 **크다**（**手**が大きい）→ 気前がいいこと
ソニ　クダ

귀가 **가렵다**（**耳**が痒い）→ 誰かが自分の噂をしている
クィガ　カリョプタ　　　　　　　気がする

배가 **아프다**（**腹**が痛い）→ 嫉妬すること
ペガ　アプダ

발이 **넓다**（**足**が広い）　→ 知人が多いこと、顔が広い
パリ　ノルタ

눈에 **흙**이 **들어가다**（**目**に土が入る）→ 死ぬ
ヌネ　フギ　トゥロカダ

● **動物にまつわることわざ**

호랑이도 제 **말하면** 온다
ホランイド　チェ　マラミョン　オンダ

（**トラ**も噂をすると来る）→ 噂をすれば影

닭 잡아먹고 **오리** 발 내놓기
タク　チャバモクコ　オリ　バル　ネノキ

（**鶏**食べて**アヒル**の足を差し出す）
→ 悪事をしでかしながら、とんでもない言い訳で逃れようとする

고양이 앞에 **쥐**（**猫**の前の**ネズミ**）→ 怖くて震えること
コヤンイ　アペ　チュィ

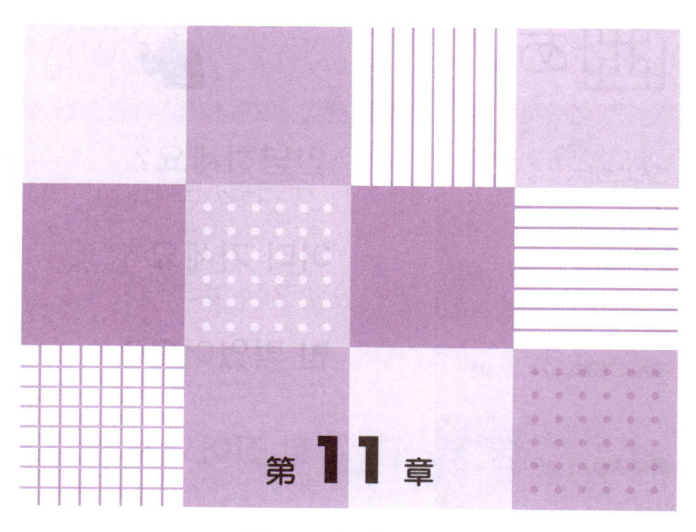

第 11 章

便利表現

 あいさつ

こんにちは。	안녕하세요? アンニョンハセヨ
こんにちは。(外で会った時)	어디 가세요? オディ　ガセヨ
こんにちは。(親しい間柄)	밥 먹었어요? パム　モゴッソヨ
おはよう。(起きた時)	잘 잤어요? チャル　ジャッソヨ
おはようございます。 (起きた時・尊敬語)	안녕히 주무셨어요? アンニョンヒ　ジュムショッソヨ
行ってきます。	다녀오겠습니다. タニョオゲッスムニダ
行ってらっしゃい。	다녀오세요. タニョオセヨ

●韓国語のあいさつ

「こんにちは」はすべて疑問文で、直訳すると、**안녕하세요?**(安寧ですか?)、**어디 가세요?**(どこに行きますか?)、**밥 먹었어요?**(ご飯食べましたか?)。これらは朝なら「おはよう」、夜なら「こんばんは」として使えます。また、「さようなら」は去る人と見送る人とで表現が異なります。

はじめまして。	**처음 뵙겠습니다.** チョウム　ペプケッスムニダ
元気ですか?	**잘 있어요?** チャリッソヨ
いただきます。	**잘 먹겠습니다.** チャル　モクケッスムニダ
ごちそうさま。	**잘 먹었습니다.** チャル　モゴッスムニダ
ただいま。	**다녀왔습니다.** タニョワッスムニダ
お帰りなさい。	**다녀왔어요?** タニョワッソヨ
さようなら。(去る人が言う)	**안녕히 계세요.** アンニョンヒ　ゲセヨ
さようなら。 (見送る人が言う)	**안녕히 가세요.** アンニョンヒ　ガセヨ
おやすみなさい。(寝る前)	**잘 자요.** チャル　ジャヨ
おやすみなさい。 (寝る前・尊敬語)	**안녕히 주무세요.** アンニョンヒ　ジュムセヨ

おわびとおわび お礼とおわび

ありがとう。	고마워요. コマウォヨ
ありがとうございます。	감사합니다. カムサハムニダ
どういたしまして。 （お礼に対して）	별 말씀을요. ピョル　マルスムリョ
おかげさまです。	덕분입니다. トゥプニムニダ
みなさんのおかげです。	여러분 덕분이에요. ヨロブン　　ドゥプニエヨ
ごめんなさい。	미안해요. ミアネヨ
申し訳ありません。	죄송합니다. チェソンハムニダ
私が悪かったです。	제가 잘 못했습니다. チェガ　ジャル　モテッスムニダ
許してください。	용서해 주세요. ヨンソヘ　　ジュセヨ

返事・呼びかけ・あいづち

はい。／いいえ。 ※예はかしこまった「はい」です。	**네.(예.)／아뇨.** ネ　イェ　　アニョ
もしもし。	**여보세요.** ヨボセヨ
ごめんください。 （いらっしゃいますか?）	**계세요?** ケセヨ
誰かいませんか?	**누구 안 계세요?** ヌグ　アン　ゲセヨ
失礼します。 ※家に入る時や帰る時、人によけて 　もらう時にも使います。	**실례하겠습니다.** シルレハゲッスムニダ
いらっしゃいませ。	**어서 오세요.** オソ　オセヨ
あのう。	**저기요.** チョギヨ
そうですか。	**그레요.** クレヨ
そうですよね。	**맞아요.** マジャヨ

何?

何ですか?	**뭐예요?** ムォエヨ
これは何ですか?	**이거 뭐예요?** イゴ　ムォエヨ
名前は何ですか?	**이름이 뭐예요?** イルミ　ムォエヨ
お名前をうかがっていいですか?	**성함이 어떻게 되세요?** ソンハミ　オットケ　ドェセヨ
仕事は何ですか?	**직업이 뭐예요?** チゴビ　ムォエヨ
趣味は何ですか?	**취미가 뭐예요?** チュィミガ　ムォエヨ
何をしましょうか?	**뭘 할까요?** ムォル　ハルカヨ
何がしたいですか?	**뭘 하고 싶어요?** ムォル　ハゴ　シポヨ
何が欲しいですか?	**뭘 갖고 싶어요?** ムォル　カッコ　シポヨ

何が食べたいですか？	**뭘 먹고 싶어요?** ムォル　モクコ　　シポヨ
何がありますか？	**뭐가 있어요?** ムォガ　　イッソヨ
何か気になりますか？	**뭐 궁금한 게 있어요?** ムォ　クングマン　ゲ　　イッソヨ
何がそんなに おかしいの？	**뭐가 그렇게 웃겨요?** ムォガ　　クロケ　　ウッキョヨ
なんと書いて ありますか？	**뭐라고 적혀 있어요?** ムォラゴ　ジョキョ　イッソヨ
韓国語でなんと 言いますか？	**한국어로 뭐라고 해요?** ハングゴロ　　　ムォラゴ　　ヘヨ
聞き取れませんでした。	**못 알아들었어요.** モダラドゥロッソヨ

> 못のパッチムㅅ（発音は[t]）がそのまま連音化して、
> ［모다라드러써요（モダラドゥロッソヨ）］と発音します。

なんと言いましたか？	**뭐라고 했어요?** ムォラゴ　　ヘッソヨ
なんですって？	**뭐라고요?** ムォラゴヨ

●質問

いくつ?/いくら?

いくつですか? （年齢）	**몇 살이에요?** ミョッサリエヨ
お年はおいくつですか?	**연세가 어떻게 되세요?** ヨンセガ　　オットケ　　ドェセヨ
いくつ入っていますか?	**몇개 들어 있어요?** ミョッケ　ドゥロ　イッソヨ
いくつ目ですか? （電車の駅）	**몇 정거장이에요?** ミョッ　チョンゴジャンイエヨ

> 정거장は「停車場」という意味です。「ひと駅」は한 정거장（ハンジョンゴジャン）、
> 「ふた駅」は두 정거장（トゥジョンゴジャン）といいます。

いくらですか?	**얼마예요?** オルマエヨ
1キロでいくらですか?	**킬로에 얼마예요?** キルロエ　　オルマエヨ
空港までいくらですか?	**공항까지 얼마예요?** コンハンカジ　　オルマエヨ
どのくらいかかりますか? （時間）	**얼마나 걸려요?** オルマナ　　ゴルリョヨ

●質問

誰？／どこ？

誰がいますか？	누가 있어요? ヌガ　イッソヨ
この方は誰ですか？	이분이 누구세요? イブニ　ヌグセヨ
これは誰のですか？	이거 누구 거예요? イゴ　ヌグ　コエヨ
どこに行きたいですか？	어디에 가고 싶어요? オディエ　カゴ　シポヨ
トイレはどこですか？	화장실이 어디예요? ファジャンシリ　オディエヨ
ここはどこですか？	여기가 어디예요? ヨギガ　オディエヨ
切手はどこで 売っていますか？	우표는 어디서 팔아요? ウピョヌン　オディソ　パラヨ
どこに住んでいますか？	어디에 사세요? オディエ　サセヨ
どこから来ましたか？	어디서 왔어요? オディソ　ワッソヨ

第11章　便利表現

何時?/いつ?

今、何時ですか?	**지금 몇시예요?** チグム　ミョッシエヨ
何時開店ですか?	**몇시에 문 열어요?** ミョッシエ　ムン　ニョロヨ
何時に出発しますか?	**몇시에 출발해요?** ミョッシエ　チュルバレヨ
何時到着ですか?	**몇시 도착이에요?** ミョッシ　ドチャギエヨ
いつがいいですか?	**언제가 좋을까요?** オンジェガ　ジョウルカヨ
いつ韓国に来ましたか?	**언제 한국에 왔어요?** オンジェ　ハングゲ　ワッソヨ
休みはいつからですか?	**휴가가 언제부터예요?** ヒュガガ　オンジェプトエヨ
いつまでですか?	**언제까지예요?** オンジェッカジエヨ
いつか遊びに行きます。	**언제 한번 놀러 갈게요.** オンジェ　ハンボン　ノルロ　ガルケヨ

どうして?/どうやって?

どうしましたか? (訪問の用件を尋ねる)	어떻게 왔어요? オットケ　ワッソヨ
どうしましたか? (様子がおかしい人に)	왜 그래요? ウェ　グレヨ
どうしましたか? (何事が起きたのか尋ねる)	무슨 일이에요? ムスン　ニリエヨ
どうやって食べますか?	어떻게 먹어요? オットケ　モゴヨ
どうやって行けば いいですか?	어떻게 가면 돼요? オットケ　カミョン　ドェヨ
どう読みますか?	어떻게 읽어요? オットケ　イルゴヨ
どうやって発音しますか?	어떻게 발음해요? オットケ　バルメヨ
どういう意味ですか?	무슨 뜻이에요? ムスン　ットゥシエヨ
どう書きますか?	어떻게 써요? オットケ　ッソヨ

 ～ください

これ、ください。	**이거 주세요.** イゴ　ジュセヨ
1つください。	**하나 주세요.** ハナ　ジュセヨ
2個ください。	**두개 주세요.** トゥゲ　ジュセヨ
赤いのをください。	**빨간 거 주세요.** ッパルガン ゴ　ジュセヨ
同じのをください。	**같은 거 주세요.** カトゥン ゴ　ジュセヨ
お水、ください。	**물 주세요.** ムル　ジュセヨ
私にください。	**저에게 주세요.** チョエゲ　ジュセヨ
少しだけください。	**조금만 주세요.** チョグムマン　ジュセヨ
たくさんください。	**많이 주세요.** マニ　ジュセヨ

● 依頼・お願い

～してください

見せてください。	**보여 주세요.** ポヨ　ジュセヨ
待ってください。	**기다려 주세요.** キダリョ　ジュセヨ
並んでください。	**줄서 주세요.** チュルソ　ジュセヨ
教えてください。	**가르쳐 주세요.** カルチョ　ジュセヨ
空港に行ってください。 （タクシーの運転手に）	**공항에 가 주세요.** コンハンエ　カ　ジュセヨ
静かにしてください。	**조용히 해 주세요.** チョヨンヒ　ヘ　ジュセヨ
片づけてください。	**치워 주세요.** チウォ　ジュセヨ
包装してください。	**포장해 주세요.** ポジャンヘ　ジュセヨ
ちょっとどいてください。	**좀 비켜 주세요.** チョム　ビキョ　ジュセヨ

●希望

〜したいです

行ってみたいです。	가 보고 싶어요. カボゴ　シポヨ
食べたいです。	먹고 싶어요. モクコ　シポヨ
休みたいです。	쉬고 싶어요. スィゴ　シポヨ
写真を撮りたいです。	사진을 찍고 싶어요. サジヌル　チクコ　シポヨ
会いたいです。	보고 싶어요. ポゴ　シポヨ
買いたいです。	사고 싶어요. サゴ　シポヨ
一緒に行きたいです。	같이 가고 싶어요. カチ　ガゴ　シポヨ
行きたくないです。	안 가고 싶어요. アン　ガゴ　シポヨ
食べたくないです。	안 먹고 싶어요. アン　モクコ　シポヨ

〜してもいいですか？

見てもいいですか？	**봐도 돼요?** ブァド　ドェヨ
試着してもいいですか？	**입어봐도 돼요?** イボブァド　ドェヨ
入ってもいいですか？	**들어가도 돼요?** トゥロガド　ドェヨ
写真撮ってもいいですか？	**사진 찍어도 돼요?** サジン　チゴド　ドェヨ
触ってもいいですか？	**만져봐도 돼요?** マンジョブァド　ドェヨ
質問してもいいですか？	**물어봐도 돼요?** ムロブァド　ドェヨ
試食してもいいですか？	**먹어봐도 돼요?** モゴブァド　ドェヨ
先に行ってもいいですか？	**먼저 가도 돼요?** モンジョ　ガド　ドェヨ
ここに座っても いいですか？	**여기 앉아도 돼요?** ヨギ　アンジャド　ドェヨ

● 禁止

〜しないでください

やめてください。	하지 마세요. ハジ　　マセヨ
触らないでください。	만지지 마세요. マンジジ　　マセヨ
入らないでください。	들어가지 마세요. トゥロガジ　　マセヨ
押さないでください。	밀지 마세요. ミルジ　　マセヨ
騒がないでください。	떠들지 마세요. ットドゥルジ　　マセヨ
走らないでください。	뛰지 마세요. ットィジ　　マセヨ
見ないでください。	보지 마세요. ポジ　　マセヨ
心配しないでください。	걱정하지 마세요. コッチョンハジ　　マセヨ
驚かないでください。	놀라지 마세요. ノルラジ　　マセヨ

●禁止

〜してはいけません

外に出てはいけません。	**밖에 나가면 안 돼요.** パッケ　ナガミョン　アン　ドェヨ
一人で行っちゃだめです。	**혼자 가면 안 돼요.** ホンジャ ガミョン　アン　ドェヨ
落書きしてはいけません。	**낙서하면 안 돼요.** ナクソハミョン　アン　ドェヨ
いたずらしては いけません。	**장난하면 안 돼요.** チャンナナミョン　アン　ドェヨ
声を出してはいけません。	**소리 내면 안 돼요.** ソリ　ネミョン　アン　ドェヨ
そんな言葉を使っては いけません。	**그런 말 쓰면 안 돼요.** クロン　マル　スミョン　アン　ドェヨ
振り回されては いけません。	**휘둘리면 안 돼요.** フィドゥルリミョン　アン　ドェヨ
信じちゃだめです。	**믿으면 안 돼요.** ミドゥミョン　アン　ドェヨ
惚れちゃだめです。	**반하면 안 돼요.** パナミョン　アン　ドェヨ

 観光スポット

北海道	홋카이도 ホッカイド	旭山動物園	아사히야마 アサヒヤマ 동물원 ドンムルォン
青森	아오모리 アオモリ	白神山地	시라카미산치 シラカミサンチ
秋田	아키타 アキタ	男鹿水族館	오가 수족관 オガ スジョゥクァン
岩手	이와테 イワテ	中尊寺	주손지 チュソンジ
宮城	미야기 ミヤギ	鳴子温泉	나루코 온천 ナルコ オンチョン
山形	야마가타 ヤマガタ	蔵王温泉	자오 온천 チャオ オンチョン
栃木	도치기 トチギ	日光東照宮	닛코 도쇼구 ニッコ トショグ
群馬	군마 クンマ	草津温泉	쿠사츠 온천 クサチュ オンチョン
千葉	지바 チバ	東京 ディズニーランド	도쿄 디즈니랜드 トキョ ディジュニレンドゥ

東京	도쿄 トキョ	新宿御苑	신주쿠 シンジュク	교엔 ギョエン
新潟	니가타 ニガタ	萬代橋	반다이바시 バンダイバシ	

> 「ニイガタ」→「ニーガタ」のように、発音する時に長音になる
> 日本語の場合、ハングルでは長音を書き表さないのが一般的です。

富山	도야마 トヤマ	黒部峡谷 鉄道	구로베 협곡 クロベ ヒョブコク 철도 チョルト	
石川	이시카와 イシカワ	兼六園	겐로쿠엔 ケンロクエン	
福井	후쿠이 フクイ	永平寺	에이헤이지 エイヘイジ	
長野	나가노 ナガノ	軽井沢	가루이자와 カルイジャワ	
静岡	시즈오카 シジュオカ	富士山	후지산 フジサン	
三重	미에 ミエ	伊勢神宮	이세진구 イセジング	
滋賀	시가 シガ	彦根城	히코네 성 ヒコネ ソン	

京都	교토 キョト	伏見稲荷大社	후시미 이나리 フシミ イナリ 타이샤 タイシャ
大阪	오사카 オサカ	ユニバーサル スタジオジャパン	유니버설 ユニボショル 스튜디오 재팬 ストゥディオ ジェペン
兵庫	효고 ヒョゴ	姫路城	히메지 성 ヒメジ ソン
奈良	나라 ナラ	東大寺	도다이지 トダイジ
和歌山	와카야마 ワカヤマ	高野山	고야산 コヤサン
鳥取	돗토리 トットリ	鳥取砂丘	돗토리 사구 トットリ サグ
島根	시마네 シマネ	出雲大社	이즈모타이샤 イジュモタイシャ
岡山	오카야마 オカヤマ	瀬戸大橋	세토 대교 セト デギョ
広島	히로시마 ヒロシマ	厳島神社	이츠쿠시마 신사 イチュクシマ シンサ
山口	야마구치 ヤマグチ	関門海峡	간몬 해협 カンモン ヘヒョフ

愛媛	에히메 エヒメ	松山城	마츠야마 성 マチュヤマ　ソン
香川	가가와 カガワ	金刀比羅宮	고토히라 궁 コトヒラグン
高知	고치 コチ	四万十川	시만토가와 シマントガワ
福岡	후쿠오카 フクオカ	太宰府 天満宮	다자이후 タジャイフ 천만궁 チョンマングン
長崎	나가사키 ナガサキ	端島 （軍艦島）	하시마(군함도) ハシマ　　クナムド
熊本	구마모토 クマモト	熊本城	구마모토 성 クマモト　ソン
大分	오이타 オイタ	湯布院温泉	유후인 온천 ユフイン　オンチョン
宮崎	미야자키 ミヤザキ	高千穂峡	다카치호 협곡 タカチホ　ヒョブコク
鹿児島	가고시마 カゴシマ	桜島火山	사쿠라지마 화산 サクラジマ　ファサン
沖縄	오키나와 オキナワ	首里城	슈리 성 シュリ　ソン

●日本の紹介

伝統行事・祭り

北海道	さっぽろ雪まつり	**삿포로 눈 축제** サッポロ　ヌン　チュクチェ

> 「雪（눈）」や「祭り（축제）」のような一般名詞は
韓国語にしています。

青森	青森ねぶた	**아오모리 네부타** アオモリ　　ネブタ
秋田	かんとう 竿燈	**간토** カント
	なまはげ	**나마하게** ナマハゲ
岩手	盛岡さんさ踊り	**모리오카 산사오도리(춤)** モリオカ　　サンサオドリ　　チュム

> 「～踊り」のように、固有名詞と一体化しているものは、～오도리（オドリ）
と表したあと、韓国語の춤＝「踊り」をかっこで入れるなどしています。

宮城	仙台七夕まつり	**센다이 칠석 축제** センダイ　チルソク　チュクチェ
山形	花笠まつり	**야마가타 하나가사(꽃갓) 축제** ヤマガタ　　ハナガサ　ッコッカッ　チュクチェ

福島	相馬野馬追 （そうまのまおい）	소마 노마오이 ソマ　　　ノマオイ
茨城	石岡のおまつり	이시오카 축제 イシオカ　チュクチェ
栃木	山あげ祭	야마아게 축제 ヤマアゲ　チュクチェ
群馬	高崎まつり	다카사키 축제 タカサキ　チュクチェ
埼玉	川越まつり	가와고에 축제 カワゴエ　チュクチェ
千葉	成田祇園祭	나리타 기온사이(축제) ナリタ　ギオンサイ　チュクチェ
	浅草サンバカーニバル	아사쿠사 삼바 카니발 アサクサ　サムバ　カニバル
東京	隅田川花火大会	스미다가와 불꽃놀이 スミダガワ　プルコンノリ
	三社祭	산자마츠리(축제) サンジャマチュリ　チュクチェ
神奈川	横浜開港祭	요코하마 개항 축제 ヨコハマ　ケハン　チュクチェ

新潟	長岡まつり	**나가오카 축제** ナガオカ　チュクチエ
長野	御柱祭	**온바시라사이(축제)** オンバシラサイ　チュクチエ
富山	おわら風の盆	**오와라 카제노본** オワラ　カジェノボン
岐阜	高山祭	**다카야마 축제** タカヤマ　チュクチエ
	郡上おどり	**구쵸오도리(춤)** クジョオドリ　チユム
静岡	浜松まつり	**하마마츠 축제** ハママチュ　チュクチエ
愛知	犬山祭	**이누야마 축제** イヌヤマ　チュクチエ
京都	葵祭	**아오이마츠리(축제)** アオイマチュリ　チュクチエ
	祇園祭	**기온마츠리(축제)** キオンマチュリ　チュクチエ
大阪	天神祭	**덴진마츠리(축제)** テンジンマチュリ　チュクチエ

兵庫	灘のけんか祭り	**나다 싸움 축제** ナダッサウム　チュクチェ
奈良	東大寺お水取り	**도다이지 오미즈토리(물긷기)** トダイジ　オミジュトリ　ムルギッキ
和歌山	那智火祭り	**나치 히마츠리(불축제)** ナチ　ヒマチュリ　プルチュクチェ
徳島	阿波踊り	**아와오도리(춤)** アワオドリ　チュム
高知	よさこい祭り	**요사코이 축제** ヨサコイ　チュクチェ
福岡	博多どんたく	**하카타 돈타쿠** ハカタ　ドンタク
福岡	博多祇園山笠	**하카타 기온야마카사** ハカタ　ギオンヤマカサ
長崎	精霊流し	**쇼로 나가시(정령 보내기)** ショロナガシ　チョンニョンボネギ
熊本	火の国まつり	**히노쿠니(불의 나라) 축제** ヒノクニ　プレナラ　チュクチェ
沖縄	沖縄全島 エイサーまつり	**오키나와 전도 에이사 축제** オキナワ　ジョンド　エイサ　チュクチェ

名産品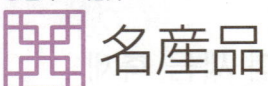

タラバガニ 〈北海道〉	왕게 ワンゲ	牛タン 〈宮城〉	우설 ウソル
夕張メロン 〈北海道〉	멜론 メルロン	笹かまぼこ (かまぼこ) 〈宮城〉	사사카마보코 ササカマボコ (어묵) オムク
サッポロ ラーメン 〈北海道〉	삿포로 라면 サッポロ ラミョン	サクランボ 〈山形〉	체리 チェリ
津軽リンゴ 〈青森〉	츠가루 사과 チュガル サグァ	芋煮〈山形〉	토란탕 トランタン
ニンニク 〈青森〉	마늘 マヌル	喜多方 ラーメン 〈福島〉	기타카타 라면 キタカタ ラミョン
きりたんぽ 〈秋田〉	기리탄포 キリタンポ	あんぽ柿 (干し柿) 〈福島〉	안포가키(곶감) アンポガキ コッカム
しょっつる (魚醤) 〈秋田〉	숏츠루(액젓) ショッチュル エクチョッ	水戸納豆 〈茨城〉	미토 낫토 ミト ナット
盛岡冷麺 〈岩手〉	모리오카 냉면 モリオカ ネンミョン	かんぴょう 〈栃木〉	박고지 パクコジ
わんこそば (そば) 〈岩手〉	완코소바 ワンコソバ (메밀국수) メミルグクス	宇都宮餃子 (餃子) 〈栃木〉	우츠노미야교자 ウチュノミヤギョジャ (만두) マンドゥ

磯部せんべい〈群馬〉	이소베 전병 イソベ チョンビョン	こしひかり（米）〈新潟〉	고시히카리(쌀) コシヒカリ ッサル
高崎だるま〈群馬〉	다카사키 달마 タカサキ タルマ	笹団子（団子）〈新潟〉	사사단고(경단) ササダンゴ キョンダン
川越さつまいも〈埼玉〉	가와고에 カワゴエ 고구마 コグマ	へぎそば（そば）〈新潟〉	헤기소바 ヘギソバ (메밀국수) メミルグクス
草加せんべい〈埼玉〉	소카 전병 ソカ チョンビョン	ホタルイカ〈富山〉	불똥꼴뚜기 プルトンコルトゥギ
落花生〈千葉〉	땅콩 ッタンコン	ます寿司〈富山〉	송어초밥 ソンオチョバァ
房総ビワ〈千葉〉	보소 비파 ボソ ビパ	九谷焼（陶磁器）〈石川〉	구타니야키 クタニヤキ (도자기) トジャギ
もんじゃ焼き〈東京〉	몬자야키 モンジャヤキ	輪島塗り（漆器）〈石川〉	와지마누리 ワジマヌリ (칠기) チルギ
江戸前寿司〈東京〉	에도마에 초밥 エドマエ チョバァ	羽二重餅（はぶたえもち）〈福井〉	하부타에 떡 ハブタエ ットゥ
かまぼこ〈神奈川〉	어묵 オムゥ	ワイン〈山梨〉	와인 ワイン
横須賀海軍カレー〈神奈川〉	요코스카 ヨコスカ 해군 카레 ヘグン カレ	信州そば（そば）〈長野〉	신슈소바 シンシュソバ (메밀국수) メミルグクス

美濃焼 (陶磁器) 〈岐阜〉	미노야키 ミノヤキ (도자기) トジャギ	宇治茶 〈京都〉	우지 차 ウジ チャ
飛驒牛 (牛肉) 〈岐阜〉	히다규(소고기) ヒダギュ ソゴギ	清水焼 (陶磁器) 〈京都〉	기요미즈야키 キヨミジュヤキ (도자기) トジャギ
茶〈静岡〉	차 チャ	たこ焼き 〈大阪〉	다코야키 タコヤキ
ミカン 〈静岡〉	귤 キュル	お好み焼き 〈大阪〉	오코노미야키 オコノミヤキ
名古屋 コーチン (鶏肉)〈愛知〉	나고야코친 ナゴヤコチン (닭고기) タクコギ	神戸牛 (牛肉) 〈兵庫〉	고베규(소고기) コベギュ ソゴギ
尾張七宝 〈愛知〉	오와리 칠보 オワリ チルボ	奈良漬け (漬け物) 〈奈良〉	나라즈케 ナラジュケ (장아찌) チャンアッチ
伊勢エビ 〈三重〉	이세 새우 イセ セウ	柿の葉寿司 〈奈良〉	감잎 초밥 カムニ프 チョバプ
松坂牛 (牛肉) 〈三重〉	마츠자카규 マチュジャカギュ (소고기) ソゴギ	南高梅 (梅の実) 〈和歌山〉	난코우메(매실) ナンコウメ メシル
ふな寿司 〈滋賀〉	붕어 초밥 プンオ チョバプ	松葉ガニ (カニ) 〈鳥取〉	마츠바가니(게) マチュバガニ ケ
しがらきやき 信楽焼 〈滋賀〉	시가라키야키 シガラキヤキ	出雲そば (そば) 〈島根〉	이즈모소바 イジュモソバ (메밀국수) メミルグクス

白桃〈岡山〉	복숭아 ポクスンア	博多人形〈福岡〉	하카타 인형 ハカタ　イニョン
備前焼（陶磁器）〈岡山〉	비젠야키 ビジェンヤキ （도자기） トジャギ	干しシイタケ〈大分〉	말린 표고버섯 マルリン　ピョゴボソッ
もみじ饅頭（和菓子）〈広島〉	모미지만쥬 モミジマンジュ （화과자） ファグァジャ	カステラ〈長崎〉	카스텔라 カステルラ
牡蠣〈広島〉	굴 クル	伊万里焼（陶磁器）〈佐賀〉	이마리야키 イマリヤキ （도자기） トジャギ
フグ〈山口〉	복어 ポゴ	辛子れんこん〈熊本〉	겨자연근 キョジャヨングン
今治タオル〈愛媛〉	이마바리 타올 イマバリ　タオル	日向夏（柑橘）〈宮崎〉	휴가나츠(감귤) ヒュガナチュ　カムギュル
ミカン〈愛媛〉	귤 キュル	焼酎〈鹿児島〉	소주 ソジュ
讃岐うどん〈香川〉	사누키 우동 サヌキ　ウドン	薩摩切子（ガラス）〈鹿児島〉	사츠마 키리코 サチュマ　キリコ （유리） ユリ
すだち〈徳島〉	영귤 ヨンギュル	泡盛（焼酎）〈沖縄〉	아와모리(소주) アワモリ　ソジュ
かつお節〈高知〉	가다랑어포 カダランオポ	琉球ガラス〈沖縄〉	류큐 유리 リュキュ　ユリ

● 日本の紹介

祝日・記念日

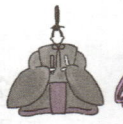

祝日	축일 チュギル	海の日 (7月第3月曜日)	바다의 날 パダエ　ナル
元日 (1月1日)	신정 シンジョン	山の日 (8月11日)	산의 날 サネ　ナル
成人の日 (1月第2月曜日)	성인의 날 ソンイネ　ナル	敬老の日 (9月第3月曜日)	경로의 날 キョンノエ　ナル
建国記念の日 (2月11日)	건국기념의 날 コングッキニョメ　ナル	秋分の日 (秋分日)	추분의 날 チュブネ　ナル
春分の日 (春分日)	춘분의 날 チュンブネ　ナル	体育の日 (10月第2月曜日)	체육의 날 チェユゲ　ナル
昭和の日 (4月29日)	쇼와의 날 ショワエ　ナル	文化の日 (11月3日)	문화의 날 ムヌァエ　ナル
憲法記念日 (5月3日)	헌법 기념일 ホンポプ　キニョミル	勤労感謝の日 (11月23日)	근로감사의 날 クルロガムサエ　ナル
みどりの日 (5月4日)	녹색의 날 ノクセゲ　ナル	天皇誕生日 (2月23日)	천황탄생일 チョヌァンタンセンイル
こどもの日 (5月5日)	어린이날 オリニナル	振替休日	대체 휴일 テチェ　ヒュイル

節分 (2月3日)	절분 チョルブン	原爆忌 (8月6日·9日)	원폭의 날 ウォンポゲ ナル
バレンタインデー (2月14日)	발렌타인데이 パルレンタインデイ	終戦の日 (8月15日)	종전의 날 チョンジョネ ナル
ひな祭り (3月3日)	히나마츠리 ヒナマチュリ	お盆 (8月13日〜16日) ※地域で異なります。	우란분재 ウランブンジェ
ホワイトデー (3月14日)	화이트데이 ファイトゥデイ	防災の日 (9月1日)	방재의 날 パンジェエ ナル
エイプリルフール (4月1日)	만우절 マヌジョル	ハロウィン (10月31日)	할로원 ハルロウィン
メーデー (5月1日)	노동절 ノドンジョル	七五三 (11月15日)	시치고산 シチゴサン
ゴールデンウィーク (5月連休)	황금 주간 ファングム ジュガン	クリスマス (12月25日)	크리스마스 クリスマス
母の日 (5月第2日曜日)	어머니 날 オモニ ナル	大晦日 (12月31日)	섣달 그믐 ソッタル グムム
父の日 (6月第3日曜日)	아버지 날 アボジ ナル		
七夕 (7月7日)	칠석 チルソク		

●漢字で書くと

　만우절（エイプリルフール）は「万愚節」、노동절（メーデー）は「労働節」、황금 주간（ゴールデンウィーク）は「黄金週間」です。

韓国の祝日やおもな記念日を紹介します。

●: 国慶日（国民で祝う日）　★: 公休日　●: 国民の記念日

日付	韓国語	日本語	備考	区分
1月1日	양력설 ヤンニョクソル	元日		★
陰暦1月1日	설날 ソルラル	旧正月		★
3月1日	삼일절 サミルチョル	三一節	（1919年3月1日の独立運動を記念する日）	●★
陰暦4月8日	부처님 오신 날 プチョニム オシン ナル	お釈迦様の誕生日		★
5月5日	어린이날 オリニナル	子供の日		★●
5月8日	어버이날 オボイナル	親の日	（両親に感謝する日）	●
5月15日	스승의 날 ススンエ ナル	師匠の日	（先生に感謝する日）	●
6月6日	현충일 ヒョンチュンイル	顯忠日	（国防に命を捧げた人をたたえる日）	★●
7月17日	제헌절 チェホンジョル	制憲節	（憲法発布を記念する日）	●
8月15日	광복절 クァンボクチョル	光復節	（祖国独立を祝う日）	●★
陰暦8月15日	추석 チュソク	秋夕	（先祖を祭る日）	★
10月3日	개천절 ケチョンジョル	開天節	（建国記念日）	●★
10月9日	한글날 ハングルラル	ハングルの日		●★
12月25日	기독탄신일 キドゥタンシニル	キリストの誕生日		★

※陰暦は陽暦より1カ月ほど後ろにずれます。

索 引

索引

け〜こ

索引

そ〜ち

と

索引

て〜と

索引
ひ〜へ

焼肉 — 142
焼肉店 — 138
焼肉バーガー — 136
焼きます — 156
野球 — 306
焼く — 156
薬菓(ヤックァ) — 165

索引

ら〜を

【著者プロフィール】

石田美智代（いしだ みちよ）

法政大学法学部卒業、静岡大学人文社会科学研究科修士課程
修了。現在、慶應義塾大学、神奈川大学、静岡大学で韓国語
非常勤講師。主な著書に『カンタン基本フレーズで韓国語が
しゃべれる本』（永岡書店）、『韓国語の日常基本単語集』（ナツ
メ社）、『最効率！例文で覚える韓国語単語』（研究社）、『きれい
に話せる ひとりで学べる はじめまして韓国語〈基本文法〉』
（ジャパンタイムズ）、監修に『「あいうえお」から覚える いちば
んやさしいハングル練習ノート』（永岡書店）などがある。

【STAFF】

カバーデザイン／白畠かおり
本文デザイン／池内英治
イラスト／今井夏子
校正／鈴木優美
編集・DTP／池内英治
製版／センターメディア

文字から身につく すぐ読める！すぐ話せる！
韓国語単語集

著　者／石田美智代
発行者／永岡純一
発行所／株式会社永岡書店
　　　　〒176-8518 東京都練馬区豊玉上1-7-14
　　　　電話 03（3992）5155（代表） 03（3992）7191（編集）
印　刷／精文堂印刷
製　本／若林製本工場

ISBN978-4-522-43646-2 C2087　⑤